竞争
时代的工作术

大川隆法 著
Ryuho Okawa

裁员大潮来临，下一个会不会是你？

不被经济状况和时代所左右，洞悉工作的本质。

如何成为对公司来说不可或缺的人才？

这本书将守护你，远离经济不景气时被裁员的命运。

万卷出版公司 北方联合出版传媒（集团）股份有限公司
VOLUMES PUBLISHING COMPANY

图书在版编目（CIP）数据

竞争时代的工作术 /（日）大川隆法著；金羽译.
——沈阳：万卷出版公司，2014.6
ISBN 978-7-5470-2808-7

Ⅰ．①竞… Ⅱ．①大…②金… Ⅲ．①工作方法—通俗读物 Ⅳ．① B026-49

中国版本图书馆 CIP 数据核字（2014）第 115505 号

著作权合同登记号：06-2014-49

All rights reserved. No part of this book may be reproduced in any form without the written permission of the publisher.

出版发行：	北方联合出版传媒（集团）股份有限公司
	万卷出版公司
	地址：沈阳市和平区十一纬路 29 号　邮编：110003
印　刷　者：	山东华鑫天成印刷有限公司
经　销　者：	全国新华书店
幅面尺寸：	140mm×210mm　字数：150 千字　印张：5
版次印次：	2014 年 6 月第 1 版　2014 年 6 月第 1 次印刷
图书作者：	（日）大川隆法
责任编辑：	张旭
特约编辑：	王慧瑛
封面设计：	寒公社工作室
排版设计：	郑成
Ｉ Ｓ Ｂ Ｎ：	978-7-5470-2808-7
定　　价：	29.80 元

联系电话：024-23284090
传　　真：024-23284521
E－mail：vpe_tougao@163.com
网　　址：www.chinavpc.com

常年法律顾问：李福
版权专有　侵权必究　举报电话：024-23284090

前 言

我们进入了一个非常残酷的时代。任何企业，都有可能面临突然破产和倒闭的危机。

本书日文版出版时，用"对裁员预备军的警告"作为副标题。这并非危言耸听，实际上，每个人都处在前途未卜的境遇里。请严格要求自己，请夜以继日地刻苦学习，要洞悉人性，懂得怎么赚钱。这样，才能让我们在漆黑的、长长的隧道中，找到那透出一丝光明的出口。

大川隆法

目 录

前 言 ... 1

第一章 对裁员预备军的警告 ... 1

1 脱离裁员预备军 ... 3

不仅需要宏观思考,更要有自我救助的方法 ... 3

大多数人都不认为自己会被解雇 ... 5

组织存在的意义是创造附加价值 ... 6

"从裁员大军中逃出来"是底线 ... 8

什么样的人易被解雇 ... 10

裁员是为组织清除"病灶"的外科手术 ... 12

2 当组织亮起"红灯"的时候 ... 14

难以言说的"丑陋的事实" ... 14

一日之内,信用尽失 ... 16

高层绝不能用"不知道"充当辩解 ... 19

公司上下秉持良心应对事故	20
不曲意奉承据实上报的员工，才会受到领导的信任	22
在贸易公司就职时，我曾作出了更宏观的判断	23
人事变动反映高层的意图	26
3 在裁员时代生存下来的方法	**27**
提高销售能力与策划、企划能力	27
找出对方真实需求的提问能力	28
及时上报工作进度	30
能提交"附有良策的报告"的员工不会被解雇	32

第二章 经济萧条时代的员工学入门 33

1 当下应该如何审视自己 35

2 勤奋开道 37

不被解雇的最低条件	37
要立志尽绵薄之力，让世界更美好	38
忠于自己人生信条的一郎与王贞治	39
努力之人自有"天助"	41
我的职场新人时代充满了批评与中伤	42

前辈们不指导我工作的原因	45
入职第二年编写《外汇教科书》扭转了同事对我的评价	47
你是否胸怀无私	48

3 重视外语学习　　50

4 唤醒潜力的秘诀　　52

评判公正的美国人	52
日本与美国的"任用方式"完全不一样	53
日本未能完全开发女性和年轻人的才能	54
经历得多了就会感到年轻时的烦恼不值一提	55
如何激发出年轻人的潜力	58
如何让年长的人听取自己的意见	59

5 在报告、联络、商谈时的注意点　　61

委派工作并不意味着全权委任	61
站在上司的立场，及时地报告、联络、商谈	62

6 严厉让人成长　　63

7 让自己成为更加认真的人　　66

蹩脚的英语亦能传词达意	66
在纽约用英语演讲时的趣事	67

广博的知识非常有用　　　　　　69

第三章　我所倡导的工作方法　　71

1 工作成功也是一条通向幸福之道　　73

2 抱有乐观、积极、正面的人生观　　74

找出自己性格当中的正能量，扼制负能量　　74

内心明媚，则招徕幸福；内心晦暗，则招致不幸　　75

自己的精神状态直接影响身边的人　　77

发现事物积极的一面是成功的秘诀　　78

3 消除嫉妒，保持一颗祝福之心　　80

爱嫉妒的人与幸福无缘　　80

发现他人的优点亦能帮助自身成长　　81

营造"肯定成功者"的企业文化　　82

赞美他人时要谨防"糖衣炮弹"　　83

戴尔·卡耐基《人性的弱点》思想的问题点　　84

4 充分发挥自己的天分　　86

牵牛花的种子永远开不出向日葵的花　　86

管理层应知人善用　　88

5 不说前公司的坏话是一种美德　　90
不要变成一个对环境抱怨，没有责任感的人　　90
不管在职时间长短，都应尽心竭力　　91

6 考试型人才难以成功的三种原因　　94
不够细心、反应迟钝、缺乏预见性　　94
过分追求一碗水端平，容易抓不到重点　　95
只能看见眼前文案工作的财政官员　　96
对策①——不要只考虑自己，注意观察周围　　97
对策②——抽时间独处，自我反省　　98
对策③——保持思考，训练预见性　　98

7 采取合理的工作方法　　101
试着将问题与烦恼详细写下来　　101
由易入难地依次解决烦恼　　102
运用"ABC理论"分清主干与枝叶　　104
运用"帕累托法则"来限定重点　　105

8 什么是成功能量的源泉　　107
判断能力——正确的判断基于知识、信息与经验　　107
交涉能力——以胸怀无私的热情积极投入工作　　108

说服能力——勇气与感动能俘获人心 109

体力——保持健康，保证充足的睡眠 110

9 心怀更远大的目标 112

增强信仰之心，是开拓道路与获得助力的钥匙 112

找到天命中的工作，就是向着理想世界迈进 113

第四章 女性经营入门 115

1 凝结了经营理论的《社长学入门》 117

2 序论：经营入门 119

所谓经营，是识人术与收支学相结合 119

不要以自我为中心，站在对方的立场来考虑问题 120

三种"工作"让经营成立 121

财务、会计对于企业的重要性 123

3 女性经营者所需具备的能力 125

拥有判断"是否会畅销"的敏锐洞察力 125

相比"天动说"，"地动说"型人才离成功更近 127

流行需要引领者 127

预见性带来主导权利益 129

从香奈儿看创立品牌战略　　130
　　　打价格战，还是提高产品的附加价值　　132
　　　银座女郎的识人术　　133
　　　蒂芙尼纽约总店见闻　　134
4 女性经营者所需具备的另一种能力　　136
　　　掌握男性思维　　136
　　　"经营理念"是头盖骨，"核心工作"与"使命"是脊柱　　137
　　　某航空公司的劣质服务　　138
　　　让人感动的超一流的酒店服务　　140
　　　"软件标准化"是成功的秘诀　　142
5 事业的核心价值观　　144
　　　必须满足顾客的期望　　144
　　　大多数顾客不会将不满说出来　　145
　　　增加回头客，吸引新顾客是事业的核心价值观　　147

　　　　　　　　后　记　　149

第一章
对裁员预备军的警告

- 脱离裁员预备军
- 当组织亮起"红灯"的时候
- 在裁员时代生存下来的方法

1 脱离裁员预备军

不仅需要宏观思考,更要有自我救助的方法

最近,就经济的问题,我基于宏观视角提出了不少建议。

然而实际上,很多知名的大企业都开始对企业内部进行整顿和裁员。即便是拥有数万、数十万员工的大企业,也会一次性裁掉数千名员工,更不必说那些无名的小企业了。今后,类似的事件恐怕将层出不穷。我们所要做的,就是从宏观的、整体的角度出发,提出善意且有效的建言。相信未来会有很多人都将成为这些建言的受益者。

我们早在好多年以前,就开始进行预防自杀的措施。据预测,经济一旦衰退,自杀者就会迅速增加,因为很多没法维持生计的人会选择走上绝路。自杀者的人数,与公司倒闭、大幅裁员的程度都是成正比的,这是不争的事实。

即便没有到自杀这一步，但由于经济问题导致生病或是出现家庭问题的人，甚至连孩子的学费都交不起的父母也不在少数。已有消息称，在日本，有越来越多就读于私立学校的学生交不起学费。

可现今，本应肩负起救济责任的日本政府却并不值得信赖，他们到底有没有救济群众的能力还得打一个问号。

比如说，刚调低高速公路的收费标准，日本政府马上宣称水运业濒临崩溃，降低高速公路收费的同时，也应该给水运业提供补助金。

结果日本政府两边扮好人，对使用高速公路的人也唱红脸，对水运业也唱红脸，其结果就是，政府很快就很陷入了财政赤字。

因此，我看日本国民还是放弃国家与公司等宏观大经济体会一直保护我们的想法比较好。

长久以来，我常以"如何成为优秀经营者"与"如何成为职场精英、商务精英"等为题做演讲，现在我考虑是不是应该稍微降低一下标准，说一说"如何才能让自己不被解雇"。

因为我希望能通过我的努力，去帮助到更多还处于迷惘中的人。

大多数人都不认为自己会被解雇

本章我加上了一个看上去很恐怖的标题——"对裁员预备军的警告",因为实际上,绝大多数被裁的人,都从未想过自己会被裁员。

可以说,那些预想到自己有可能被裁的人,大多是头脑反应灵敏,并能够在第一时间内就能敏锐感知到危机的人。能感知危机也就意味着能想出对策,因此这样的人还有救。而当经济震荡的巨浪汹涌而来,那些后知后觉的人最终会被大浪吞噬。比如说,某家大公司宣布裁员一万人,接下来就会具体落实到各个部门。若该公司有好几百个部门,会将这一万人按部门数量来分摊,具体到一个部门大约需要裁员多少人。也就是说,如果一个有50人的部门,要裁掉5人的话,部门负责人就会考虑,我们部门必须裁员5人,那究竟要裁掉哪5个人呢?然而,在该部门一直开心工作着的这50个人,从没有考虑过自己会被列入那5个人之中。直到某一天,这个部门要裁员5人的命令终于从上面传达了下来。而这一刻,后知后觉的员工们才有了危机意识,只可惜为时已晚。

当然,做出这项决策的人,不会具体地去考虑该裁掉哪个部门、哪个科的某某某,而是去计算公司要裁掉多少人才能摆脱赤字。

也许这听上去很无情,但不摆脱赤字,企业就会垮掉。假如拥有万名员工的企业破产，那么这一万名员工都将陷入困境，所以在此之前必须采取必要的措施。在这一万名员工全部陷入困境之前，首先削减掉一千名不称职的职员，如果还不行，再进行第二轮、第三轮裁员。以此类推，公司会选择先削减掉剩余的劳动力，再取缔毫无作为的部门，从而来缩小经营规模。更有甚者，会将公司正在盈利的部门卖给别的企业，以此来摆脱经营困境。

一个组织要生存下去是件很不容易的事情。过去有过很多这样的例子。比如说，大约20年前，日本的银行声称绝对不会倒闭，可却在之后的20年间经历了合纵联横、或合并、或被吞并、或破产。曾被称为"最安全"的银行，却同样遭受了非常剧烈的变动。

时至今日，一股政府职能部门将要大力削减公务员的浪潮即将袭来。对此，那些在政府部门工作的人就开始进行奋力抵抗，不再积极地支持政治家们是他们常用的手段之一。

组织存在的意义是创造附加价值

组织的存在都有这样一项基本原则：如果无法创造出比各人分散工作时更多的价值，那组织的存在就毫无意义。也就是说，如果大家分散工作就可以的话，那组织就没有存在的必要了。

比如，A、B、C三人各有一百万日元，分别拿这一百万日元独立创业。这样就有了三家私营小店，各自持有一百万日元的资金。如果换个角度想，这三个人不是各自开店而是将它们整合成一个新的经济体，那结果又会怎样呢？实际上也许不止三个人，为了解说得更清楚，还是拿这三人为例吧。这三个人分别出资一百万日元，整合在一起就有三百万日元的资金，再各自担任总经理、专务董事和常务董事。接下来，三人共同参与员工招聘、树立企业的社会信用、扩大企业规模。如此，私营小店摇身一变成为企业，甚至有资格到银行融资。通过银行融资，雇佣职员，扩大经营规模，再进一步提高业绩，增加企业利润。

若单单是"一加一"等于"二"，或是"一加一加一"等于"三"，不足以称之为组织。成立组织的意义，在于让"一加一"不等于"二"，而是等于"三"等于"四"，甚至是等于"五"等于"十"。而这些增加的部分，就是"附加价值"。

那么，为什么说成立组织就能够创造附加价值呢？比如说，独自经营一个蔬菜店，需要自己进货，自己卖菜，自己去挑出那些坏掉的菜叶扔掉，还要自己记账。但是，凡事都要亲力亲为就太辛苦了，于是经营者开始考虑关掉蔬菜店，开间便利店或小型的超市，然后雇人，让大家各尽其职。这样一来，不仅加大了客流量，就连商品的流通性也变得更快了。长此以往，经营者还可以进更多的商品，用比市场更低的价格出售，以此来吸引更多的人光顾。

这样一来，不但从各个环节削减了开支，还能受到更多客人们的欢迎，这就是上面所说的"组织能够创造附加价值"。只有产生了附加值，这个组织才具备了存在的意义。

创造附加价值，是成立组织或是公司的根本意义。

"从裁员大军中逃出来"是底线

然而，经过几十年的发展，企业规模越来越大，职员人数逐渐增长，发展成为拥有几百、几千甚至数万名员工的大企业。

在发展过程中，组织内部自然而然会产生许多无用的部门，如此一来，组织体制的建立与新陈代谢将会逐渐迟缓起来。

好在经济还算景气，公司的效益也不错，没有发生裁员的情况。而且，根据资历员工得以逐年涨薪，等员工到了他们的孩子都上了学或是结了婚的年龄，公司还会安排升职。这是日本典型的"温情经营"方式。

在日本经济飞速发展的时代，这种做法无可厚非。但是，一旦进入经济衰退时期，就需要重新斟酌了。

有人将因"雷曼冲击"引发的2008年金融危机称之为"百年难遇的经济危机"，并且这种说法不胫而走。虽然我个人认为过去也有很多类似的情况发生，但如此强调的说法无疑让很多人陷入了恐慌，并产生类似必须马上转变经营方式的过激反应。

因此，为了让家庭免遭不幸，或者说为了让孩子们能够拥有一个更美好的未来，成年人们就必须要更努力地工作。

那么，究竟要做些什么样的努力呢？首先要做到的是不要被解雇，要像藤蔓一样紧紧地攀附着公司。不能轻易被裁掉，至少要尽可能发挥自身的力量。即使逃不脱被裁员的命运，也要想尽办法坚持到最后。

总而言之，作为一个对家庭有责任感的人，即使不能成为职场精英，至少也要努力做到不被裁员，这是最低的底线。

不论是一个多么糟糕的爸爸，只要能维持家庭的生计，至少可以说他是一个理想家园的守护者。

但倘若因为自身的原因让全家都陷入走投无路的境地，那么，就连这一个小小的理想家园也将濒临崩塌。因此，千万不要让自己和家人都陷入窘困的境地。

因此，本章着重阐述了该如何避免触碰到被裁员的底线。

为了避免触碰底线，必须严格要求自己。不要放任自己，也不能认为自己还可以像以前一样懒惰。

正如前面所说的那样，如果人们聚在一起工作，还不如单干做得好，那组织就没有存在的意义了。如果以一个8人组成的科室为例，总体上讲，这8人共同工作必须要比各人分散工作取得更好的工作业绩。如果一个科室、部门、局，或者一个企业所创造的价值低于个人独立创造的价值，那么它就没有存在的必要。也就是说，一个组织所产生的绩效值绝对会高出于个人所产生的绩效值数倍！

什么样的人易被解雇

大多数企业在经营平顺或是经济景气的时期，通常人手比较充裕。一个科室若有10个人，即便其中一个人生病或是接到人事调动，科室的工作也不会受到影响。

然而到了不景气的时候，情况就没有这么乐观了。此时需要重点考虑，该采取怎样的措施，才能让影响降到最低。这时裁员就会成为他们即将采取的手段之一，而那些容易被解雇的员工，通常都有以下几个特征。

首先，那些无法理解客户需求的人容易被解雇。这样的人，同样无法理解同事、上司及社长的心思。这类完全不能理解他人心思的人，基本都是利己主义者。用一个词形容他们就叫作"以自我为中心"。基本上他们都是做一天和尚撞一天钟的类型，至于为公司做贡献，以客户至上等这些职业操守他们只会嘴上说说，心里根本不会这么想。也就是说，他们根本没有一颗为客户服务的心，公司怎么要求，他们就有样学样地随便说说，根本不会付诸行动，就算是做了也不会用心。一个员工，是否真心为公司的发展考虑，想要好好地辅助上司卖力地工作，还是得过且过，这其间的差异，在经济不景气的时候就能看得一清二楚了。通常不称职的员工都是利己主义者，但他们本人却没有意识到这一点。他们会认为"这很正常"，"人不都是这样的吗"，"我就是一个普通人，也没做什么坏事"。这类人的心中只有自己，怀着不求有功，但求无过的心态，从不曾有过要为组织做出贡献的这种想法。

但是，假如每个人都没有想为企业做更多贡献的想法，那么企业就会因为经不起经济衰退的冲击而垮掉。而正因为有些员工内心有为公司做出更多贡献的想法，所以他们才不会在经济不景气时被解雇，公司也能因为他们的努力而得以保全。倘若只是有多少人办多少事的话，经济一旦衰退，公司就会很快倒闭。

裁员是为组织清除"病灶"的外科手术

组织就是"人的集合"，正如其称谓"法人"一样，一旦秉承一定的经营理念开始活动，就会像活生生的生物一样动起来。而作为一个生物、一个生命体，必然会考虑如何生存下去。因此，我们可以打这样一个比方：当企业陷入赤字危机时，那些被解雇的人，就可以被视作企业"身体里的病灶"。

当一个人身体里被检测出了癌细胞，那医生就会针对病症采取一系列治疗。首先是摘除癌细胞，观察能否恢复健康，因为癌细胞一旦扩散到全身就没救了。而在企业中，处于领导地位的人就如同外科医生，不管其人是善是恶，都必须担起清除企业内部病灶的责任。但是，无能的企业家，抑或是无能的领导者，在决定被解雇的对象时，都很容易做出错误的判断。他们往往会以"到哪里都会被重用"的理由，辞退了优秀的员工，而将那些不称职的员工留了下来。

假如企业中存在着抱有此类想法的领导，那么，这家企业的命运将如同泰坦尼克号一样,沉没于海底。一旦这样的人做了领导者或是经营者,公司的破产也是可以预见的。

正如前面所说的那样,给企业做清除病灶的外科手术,是保证企业生存下去的底线。凡是生存下来的公司,一定都采取了这样的行动。

2 当组织亮起"红灯"的时候

难以言说的"丑陋的事实"

组织里会亮起红灯不可避免。就公司的经营来说，破产之前会亮起好几盏红灯。严格来说，应该是先亮黄灯，接下来才是红灯。可是让企业亮起红灯的原因，却也分为好几种。

第一种是，公司里的大多数员工不知道危机的存在。

比如，十几年前因金融危机而破产的山一证券，在破产当天，却仅有三四个员工知道今天公司会破产。然而其他员工，竟然还在破产当天购买下一刻就会沦为废纸的股票，真是可怜啊！而知道公司会倒闭的，却只有社长、秘书以及决策层的寥寥几人，这太让人惊讶了。

这也难怪社长会在宣布退任的记者发布会上哭着说："员工没有错，

错的都是管理层。"

　　破产当天还拼命买进公司股票的员工虽然值得同情。但是，这同时也说明，他们因为没有觉察到公司正面临倒闭的巨大危机，却只是单纯地认为公司的运营情况不太乐观。这也充分显示了，当时企业内部的经营状况被巧妙地掩盖了起来。

　　是管理层不信任员工，还是员工们不信任管理层？时至今日，已经很难判断了。但是，有一点是肯定的，那就是双方缺少沟通。

　　山一证券之所以会破产的原因，或许我们可以套用被美国原副总统戈尔称之为"丑陋的事实"这一说法。上层领导有些事不愿意让员工知道，而员工也有不愿被领导发现的事情，于是双方都在极力掩盖。这样一来，公司就陷入了上下级都报喜不报忧的状态。正如潜水艇一旦进水，为了防止所有机舱都进水，就会立马关掉每个机舱的阀门一样。通常，一旦企业的各个部门被分割开来，便无法对开展的工作进行很好地沟通。这可以说是一种本位主义吧。这种本位主义尤其是当公司传达出好消息时，表现的特别明显，全公司自下而上，都是皆大欢喜。这或许就是所谓的好事传千里，坏事不出门吧。

　　一旦坏消息被传播开来，搞得人尽皆知，不但管理层会觉得颜面尽失，下属们也会觉得这是对公司有害无益的消息，同时会考虑要是被领导知道了恐怕会被开除吧，所以就想方设法隐瞒。假如说，核能发电所的员工明明发现了核泄漏，却因为担心如果往上报，自己肯定会被解雇，而佯装看不见会如何呢？其结果是，不但他迟早会被社长解雇，核反应堆也有可能报废，从而导致所有的人都失业。但是，如果公司里贯彻了既要保护自己，更要保护周围居民的人身安全的理念，一旦发现核泄漏，就会把自身利益放到其次。因为事态有可能危及到周边居民的人身财产安全，必须立即向上司报告。也有一种领导，他们唯恐"一旦上报就会变成我的责任"而一味拼命地掩饰，哪怕一再接到下级的汇报就是不反映给上司。但是，对核能发电所来说，核泄漏是很严重的问题，这是必须汇报给最高领导才能解决的事情，假如因为掩盖事实而遭到解雇，只能说是活该。因此，自己认为必须报告最高领导的事情，就算上司拼命掩盖，也要拿出破釜沉舟的勇气，直接报告高层。这才是真正的坚守了职业道德，这一点非常重要。

一日之内，信用尽失

信用是很难被建立起来的，往往都会需要好几十年时间的积累，但失信却只需要一天。

伊势的著名小吃"赤福饼"曾发生过伪造保质期和生产日期的事件。从那以后，我再去三重县时特地留意了赤福饼的情况。从销售情况来看，各个门店的备货都相对减少了。也许是大家仍然觉得还有很多人对那次的事件介怀，所以不适合当礼物送人吧。

最开始的时候，名古屋限定销售的赤福饼顽强地在市场上生存了下来。后来京都也能买得到，近几年更是打开了东京市场。

赤福饼之所以如此受欢迎，是因为恪守品质。当天做的赤福饼仅限于当天在名古屋地区范围内销售，这让消费者很是放心。虽然大家并不认为馅料放一天就会坏，同时也会觉得一天之内用不完就扔掉太浪费了，但是，又会被那种对品质近乎严苛的要求所打动。

正因为如此，当伪造生产日期的事件被曝光后，消费者格外的失望。

顺便说一句，出版界也会发生更改发行日期的情况。尤其是月刊杂志之类，将发行日期写成是下个月的日期出版。这是因为若如实填写发行日期，卖不出去的杂志很快就会退回来了。比如，3月1日发行的杂志上印着4月1日发行。小时候我一直不明白为什么提前了一个月。原来，如果印上3月刊，那么到了4月1日卖不出去的杂志会全部退回来。

为了尽量延长上架时间，才故意将3月发行的杂志写成4月刊，印上未来的日期。反正杂志是不会变质腐坏的东西，这也是不得已而为之，在业内已是司空见惯了。如果换做是报纸，断不可能印上一周以后的日期，但杂志之类的话，出于"尽可能让读者看到新一期杂志"的想法，这一行为也就泛滥起来。

话说回来，当初宣称当天的剩余当天废弃，不在其他地方出售的赤福饼，实际上却欺骗了消费者，把剩余的馅料用在了其他食品上。事件曝光后，赤福饼想要重新获得消费者的信任恐怕需要很多年。

同样的事情也曾发生在北海道名点白色恋人上。白色恋人这一名字，据说是在社长办公室里诞生的。有一天在社长办公室，社长与员工谈话的时候看到窗外雪花飘舞，说了句"真像是白色恋人降临了一样"。于是，大家一拍即合，"真是个好名字，就这么定了。"由此，就定名为白色恋人。随后，当这个以"白色恋人"命名的点心出现在大家眼前时，立即大受欢迎，成了北海道著名的点心。然而像赤福饼一样，"白色恋人"也被曝出过伪造保质期，出售过期食品的丑闻。

丧失信用，实在是很严重的事情。

顶级日本料理店"船场吉兆"也是如此。船场吉兆所属吉兆集团，可谓名门中的名门。一般到了中午，商场里众多餐厅的门口总是排着长龙。但是，即使是用餐时间，吉兆店内大部分是空位。因为吉兆的价位特别高，一份午餐就要五千甚至上万日元，不是一般人承受得起的，所以不用等位。

然而，就连船场吉兆这样的顶级餐厅也被曝出了"二次出售"的丑闻，最终导致关门大吉的严重后果。也许这样的事情在其他餐厅屡见不鲜。也许，很多餐厅都会把客人一点没动的餐点，原封不动地放进微波炉里热一热，重新卖给其他客人。但是，毕竟吉兆是靠品牌说话的。如此高的价位，却做出如此不相配的行为。若换做是哪个农村港口的大众食堂发生这样的事情，虽会遭到非议却不至于倒闭。说到底，还是与品牌定位矛盾。

从这个层面来说，一旦信用受损，就会导致非常严重的后果。

高层绝不能用"不知道"充当辩解

估计那些因丑闻而倒闭，甚至引起社会舆论的公司，它们的高层，应该能够事先预料到后果。船场吉兆倒闭的时候就有推测称："船场吉兆从社长到员工一定都料想到了后果的严重程度。"给客人上二手菜这种事，最开始也许只是后厨以为人不知鬼不觉而这么干，但管理层怎么可能一直蒙在鼓里。想要了解事情的真相很有难度，因为一旦查明管理层是明知故犯，则肯定会被问责。到了这个地步，不是一句"不知道"就可以搪塞过去的。身为顶级餐厅的社长，绝不会被允许用什么"二手菜的事情我完全不知情，都是后厨干的"来辩解。若是因为同时兼顾许多其他的经营项目、分身乏术才出的纰漏还好说，否则真是不可原谅。

汽车企业也是如此，不能为了出清库存而隐瞒事实，销售问题车辆，企图在事情败露之前能卖一辆是一辆，这样的企业注定会倒闭。

如果高层发现问题却明知故犯，那肯定逃避不了责任。但是，通常问题要传达到最高层需要一定的时间，不是那么简单就能汇报上去的。

公司上下秉持良心应对事故

其实现实中也有起死回生的例子存在的。当Panasonic还称作松下电器的时候，发生过因石油暖风机导致用户死亡的事故。虽然引发事故的暖风器就那么几台，但松下电器立即采取措施，决定召回并维修所有的暖风机。于是，松下电器通知全国的消费者，并印刷了好几千万张名信片寄往日本各地。

当然，我觉得这个决定中有为品牌打广告的成分存在，但不管怎说，为了区区几台问题暖风机，向全国消费者召回所有的同期产品，这正是反映出了一个企业的良心。

就算是为了打广告，如此劳师动众之举也不是能轻易做到的。一般而言，当出手的产品出了问题，企业都会给予消费者一定的补偿来解决问题。但松下电器却认为，由于产品的缺陷出了人命是非常严重的事故，公司上下应倾尽全力去解决。

其实有些事故是由于消费者操作不当造成的，企业方面大可以此推脱责任。但松下电器却没有那么做，而是选择了全力解决问题。正是这种端正的态度，让企业突破了危机。

对于基层员工来说，有时难以判断该怎么做。他也不知道类似因暖风机引起的一氧化碳中毒导致消费者死亡的事故到底能上报到哪一级领导。当他报告给了科长，那事情会止步在科长一级呢，还是部长一级？又或者，会不会将责任归咎于产品制造商呢。而一旦上报到社长那里，就需给全国人民发通知书，仅这一费用，就需要好几十亿日元。估计基层员工怎么也想不到，最后竟是用那么非一般的手段解决问题的，而第一个知道出事了的员工，根本不会想到必须告知全国的消费者，召回所有当年生产的同型号产品的方案。说到底，这都是要高层去决定的。

不曲意奉承据实上报的员工，才会受到领导的信任

上下沟通不顺畅是造成企业倒闭首当其冲的危险信号，在这种企业里工作的员工只求明哲保身。

可想而知，这样的员工通常是最先被解雇的。越是一心自保的人，就越容易遭到解雇。因为他们的心中只有自己，从不会以别人为中心。从某种层面上来说，也无法坦诚对待上司与管理层。如此一来，所导致的结果，就是让领导肩负的责任越来越重。

所谓领导，就是要对所有结果承担起责任的人。谁都明白，这家餐厅的总经理不是在后厨做菜的，那家工厂的厂长也不是亲自参与到生产第一线的。可他们最大的工作，就是对别人的差错负责任。所以，他们更需要有能力去判断信息的是非轻重。虽然磨炼出这种能力很难，但却是非常重要的。

实际上，我们常常因为汇报这类危机而碰一鼻子灰，很多上司也都讨厌听到坏消息。然而，被上司反感也好，讨厌也罢，正是那些当危机发生时能够锲而不舍、反复上报的员工才更受信任。对于这样的人，领导是表面讨厌，内心器重。

有了这样的下属，领导也能高枕无忧了。因为他们相信如果有什么事，他一定会向我报告。反过来说，倘若员工报喜不报忧，那恐怕当领导的要夜不能寐了，一旦发生事故，他们往往是最后一个知道的。

然而，汇报上来的内容，可能杂乱无章，可能是虚假信息，也可能只是混淆视听。这种情况，发生一两次还可以原谅，要是反复发生的话，渐渐就没有信用可言了。

但是，只要自己认为是必要的，哪怕遭到上司的厌烦和指责也坚持反映问题的人，最后都赢得了上司的信任，成为上司眼中的优秀员工。

在贸易公司就职时，我曾作出了更宏观的判断

也许带点自夸的意思在里面吧，我当初在贸易公司工作的时候，曾经有过这样的经历。当时我虽然年轻，但一旦发现让我觉得有异样的状况时，就会一五一十地向上司反映，也因此得罪了不少人。为了这个，那些比我早进公司几年的前辈数次警告我说："你才刚进公司两三年就将这些事汇报给上司，甚至是高层领导，这种做法实在是太冒失无礼了，还是做好你分内的工作吧！"

即便如此，我还是一如既往地秉持自己的原则。比如说，我在纽约的时候，高层曝出了丑闻，那个总让我安分守己、不要多管闲事的前辈

寄来一封信。信上写着，"既然你在那儿，为什么没去阻止？"明明是纽约总部的社长与财务部长因意见不合发生争执，而我这个小小的基层职员又有什么能力去阻止呢？可远在日本的前辈却给我这个实习生寄来了抱怨信。他抱怨说："照你的脾气是一定会去阻止的，为什么没说呢？"可实际上我冒着被辞退的风险再三谏言，高层却根本不曾理会。因为我没有解雇上司的权力，所以只能做到这步。结果不出所料，纽约总部的社长与财务部长发生了激烈的冲突，最后财务部长遭到撤换。

　　其实我曾屡次认真地提醒过那位部长，公司是绝对不会允许这种行为的。而事实证明，我的判断是正确的。事情是这样的，当时，银行的利率比较高，纽约方面的财务部打算使用商业票据（无担保短期票据）进行融资。但由于没有得到公司第一银行及第二银行的同意，他们试图单方面通过美国银行的隐性担保进行融资。也就是说，该财务部企图单方面私自进行融资。所以我提醒负责人，这么做部长肯定会被解雇，必须取得公司的许可才行。然而上司却认为跟总部商量也是无用的，所以干脆绕开总部，直接由纽约方面单独与花旗银行联合融资。这样一来，就可以用低利率融到大量资金。他认为过程不重要，重要的是结果。只要能融到资金，纽约总部的财务部先斩后奏也不会有问题。但我坚持认为这么做是行不通的，必须事先取得总部的同意。毕竟第一银行与第二银行在纽约都有办公室，这种做法会让他们觉得没有面子而提出不满。所以我劝他，凡事应以仁义当先，应该先知会纽约方面的第一银行，让他们了解是因为这个项目在他们那边无法操作才另找合作伙伴的。可财务部的人却不以为然，认为日本的银行那么蠢，根本不能在美国调动资金，跟他们合作有意义吗？还是跟外资银行合作比较好。他们都是急性子，还跟纽约总部的社长吵了起来。其结果就是，部长与科长都被撤换了，而我回到日本后，也因为此事件得到了上级领导的信任及认可，所以被荣幸地升职为科长。

而这一切可以归咎为，是我站在宏观的角度上冷静地看待问题，因此才能做出正确的判断。而那些领导们认为，当时是难得的融资机会，应该尽快促成与外资银行的合作。其实这是一种微观的判断，它的准确性仅限于某个特定的时间点。然而宏观地来看，毕竟当时在第一银行的贷款有千亿日元，要是为此伤了他们的面子，那以后的合作将会陷入尴尬局面。而身为决策层的财务部长，本应有这样的判断力，却因为一意孤行，不采纳我的谏言，最终断送了自己的职业生涯。

人事变动反映高层的意图

不要只考虑自己的事情,除了要向上司勤汇报、多沟通以外,还要认真观察公司内部的人事变动。

观察公司内部的人事变动通知,可以从中解读出领导在想些什么,洞悉高层的想法。根据人事变动、职务任免和对优秀员工的安排,能清晰地看出公司的经营方针。不管有没有机会与高层面对面的谈话,时时关注高层的想法也尤其重要。

把自己放到比实际职位高一到两个级别的位置来考虑问题,是一名优秀员工所必备的条件。那些只考虑自己部门所存在的问题,且没有远见性的人,随时有可能被公司解雇。

就算自己目前所属的部门或是团队在公司内所起到的作用微乎其微,但也要时刻放眼全局,尽量收集全方位的信息,从整体角度上分析问题,并依照这一基准来判断什么是应该及时报告上司的事件。

3 在裁员时代生存下来的方法

提高销售能力与策划、企划能力

简而言之，想要在裁员时代生存下来的方法有两个。

第一，在经济不景气的时候，销售能力是制胜的关键。

要提高自己的销售能力，就要做到比任何人都要勤快、努力。比如亲自去拜访客人，认真跟踪信息，做好售后服务等，或者说在详细了解了对方的情况后做出相应的销售方案等。

第二，加强策划、企划的能力。

这是非常重要的一点，特别是在总部工作的人，几乎可以说，没有高水平的策划、企划能力就没有存在的价值。

企业内部的大多数部门与销售没有直接关系，但当经营遭遇赤字时，大多会调整各部门的人事比例，对直接与盈利挂钩的部门进行人事调整，并削减其他部门的员工。

比如说，某公司直接与盈利挂钩的部门——销售部的员工占七成，其他部门——比如管理部门的员工占三成。当业绩下滑时，两者之间的比例很有可能从7:3调整为8:2。增加为公司赚钱的人，再分配相应的业绩指标，能够有效拉升销售额，尽快出清库存。

这时，那些被留在管理部门的人，若依旧只是单纯地听汇报、做案头工作，是不能凸显出自身能力的。而这时，企划、策划的能力就显得尤为重要了。只不过，企划、策划的能力好坏并不在于你提案数量的多少，而是在于你被委任去执行的时候，是否能够自信地回答："好的！"而至于这么做如何？开发这种新商品如何？建立这样一个分公司如何？这些浮语虚辞，到了真的交由你负责执行的时候，是否能够认真并有序地去实现它，这才是一个人企划、策划能力的真实体现，而不只是停留在纸上谈兵的层面。

找出对方真实需求的提问能力

一般而言，提高销售能力有很多种方法。比如说提供更周到的服务、找出顾客的真实需求等。

此时，提问能力就显得尤为重要。只是被动附和及一味倾听是不够的，要提升并发挥提问的能力，就要做到在销售的时候适当地向对方提问题。比如卖衣服的时候，询问客人："这件衣服如何？我觉得很适合您穿呢！"客人回答说，"这个样子比较老了，颜色也不是很喜欢。"结果只回一句"噢，这样子啊！"就放弃的人，不是一个好的售货员。当客人说"我不喜欢这个颜色"时，应该主动询问："您喜欢什么颜色呢？""您平时常穿什么颜色的衣服？"再根据客人的回答判断出客人的需求，这种提问能力是非常重要的。

我想说的是，加强提问能力，有助于提高销售能力。总之，通过询问客人的需求去提高销售业绩，并不是每个人都能做到的。

另外，提问能力对于公司内部的企划与策划工作也很有帮助。上司在给下属下达命令的时候，实际上内心已经有了实施方案，所以应该多向上司提问请教，探明上司的真实意图，朝着这个方向走就是了。但人们缺乏的，往往就是针对这方面的努力。

比如受客户委托做新产品设计，而委托方心里已经有了成熟的想法，那么只要进行巧妙地沟通，就能让工作事半功倍。但如果提问能力匮乏，便会导致设计方摸不到头绪，无法给出令客户满意的设计。

大多数人唯恐企划做得不够好而招惹到上司，其实只要养成善于提问的习惯就能避免这种情况的发生。不要害怕策划和提案会被否决。要知道一百个提案中能通过三个就不错，不要天真得妄想自己的策划能百发百中，要有方案被毙掉的思想准备。如果仅仅因为策划案被毙了一次就因噎废食的人，是永远都达不到专业的水准。应该想着如何完善所思，提出更多更好的策划案。到了那个时候，就像我前面说的，你不仅有能力提出方案，也有能力实际去实施了。

而那些单纯等待上司命令的人，是很难在当今这个乱流丛生的年代生存下去的。因为他们不曾明白，下达指示的一方，是在充分整合准确信息的基础上才做出正确的判断的。下级不提供准确的信息，只是等着上司给出指示照办。长此以往，企业一旦出现经营困难，就会立刻陷入危机当中。

及时上报工作进度

那些认真向上司提供准确信息的员工是更值得信任的。即使上司让你全权负责也不要完全当真，这位全权负责的人也有义务向上司报告结果。并且，如果工作需要一段时间才能完成，也有必要在进行过程中不断向上司做阶段报告，让上司了解工作进度。

将工作委派给你不代表上司完全放手不管，不及时汇报工作的下属是最难获得信任的。

全权委派给下属后，上司一定会非常期待听到下属的及时汇报。就像站在山上大叫"喂喂——"，如果听不到任何回声心里就空荡荡的，不能等到把工作做到完美再报告，结果让上司等了好长时间却听不到消息。毕竟这跟研究开发不同，不会有人让你十年之后再汇报。

因此，如果完成工作要花一段时间，就有必要在工作的过程中及时报告。不懂得汇报的人没有在公司出人头地的机会。

以为既然交给我负责了，那么这项工作就是我自己的事。是大错特错。所谓"全权委托"，其实是上司想要亲自去做，却苦于分身乏术才将这部分工作暂时交给你，那么，他当然要实时追踪工作进度。

就像我们投资银行或是证券公司的理财项目时，一定会定期收到对方的理财报告单。同理，如果被委派做一项工作，就要认真地将进展与情况详细地报告，一直到工作彻底完成。否则上司会担心下达的指示下属有没有落实，还在一直拖延着呢。

可以说能否在裁员时代生存下去，与是否具备这种思想认识息息相关。

能提交"附有良策的报告"的员工不会被解雇

要铭记，唯命是从的人一定会被裁员。即使什么都不做，也可以依靠公司这棵大树乘凉，这种想法虽说是日本历来的传统，但是现在似乎已经行不通了。因为那些高高在上的独裁经营者，已然完全驾驭不住这个飞速发展的经济时代了。

领导越忙的时候，就越不能单纯地报告情况，而是有必要附上好的提案，给出"针对目前局面我认为可以这么做"的建议，从而来节省领导们的时间。

这才是受公司欢迎的员工，没有能力、只知唯命是从的人已经无法立足于这个时代了。

第二章
经济萧条时代的员工学入门

- 当下应该如何审视自己

- 勤奋开道

- 重视外语学习

- 唤醒潜力的秘诀

- 报告、联络、商谈时的注意点

- 严厉让人成长

- 让自己成为更加认真的人

1 当下应该如何审视自己

当前,日本正处在经济萧条时期,到今天为止,我也讲解了许多面向社长的经营论与女性经营理论。但是,受经济萧条所困的不仅仅只有管理层,基层员工同样需要深入思考生存之道。

因此,本章将站在员工的角度,就一些重要问题讲述一下我的想法。从某种意义上来说,可以理解为萧条期职场的生存之道,也可以理解为万能的成功之道。

当然,仅凭某个员工的一己之力,再怎么竭尽全力也不可能保证公司经久不衰。不在其位不谋其政,归根结底责任还是在于管理层。但是,星星之火可以燎原,在自己的能力范围内努力工作,争取多为公司做贡献,甚至能成为鼓舞其他员工的力量源泉,那么努力就不会白费。

领导的能力直接影响到企业的生死存亡。可以说，企业倒闭的责任都在领导身上。就像我们常说的鱼是从头部开始腐烂，并且逐渐扩散到身体和尾巴。企业亦是如此。

企业倾颓的过程同腐烂的鱼一样，区别只在于时间长短而已。企业一旦陷入绝境，那就意味着不仅只是头部有问题，身体和尾巴也开始腐坏。所以说，萧条时期出现了很多破产的公司。当然，其责任大部分在管理层，但是员工们也会因未能竭尽全力挽回局面而抱有遗憾吧。哪怕自己所在的公司有几十人，还是几百、几千甚至几万人，就算自己仅能起到百分之一或者千分之一的作用，也还是会多少有这样的遗憾吧。因此，要在公司倒闭之前，尽可能竭尽全力的去做自己应该做的事情，不留遗憾。

然而也有些公司在经济萧条期逆势发展，经营规模越做越大。正因为身处特殊的经济环境，才更需要审视自己。

2 勤奋开道

不被解雇的最低条件

从整体来看，无论从事什么职业或是就任什么职位，都要明白经济萧条时代的员工不被解雇归根结底在于勤奋二字。

首先，请问问自己："我是勤奋的人吗？"

在一家员工们都能积极投入工作的公司里，即使经济大环境不好，大家也依然充满了工作热情。而在公司陷入困境的时候，往往偷懒的人会变多。他们不关心公司的未来，要么对工作敷衍了事，要么把注意力放在公司以外的事情上。

所以即使现在自己并非处于高位，也要时时关注公司的动向与管理上的问题，尽早发现并解决问题。当然，要先做好自己的本职工作。

这种勤奋，不仅用于工作，也涵盖了日常生活中的各个方面，它更强调的是自我磨炼与完善的过程。

这就是在经济萧条时期不被解雇，甚至能获得升职机会的最低条件。

要立志尽绵薄之力，让世界更美好

希望大家在勤奋的基础上，能加入热诚与激情。因为充满热诚的勤奋是无坚不摧的。

当你遭遇公司马上就要倒闭的困境时，另谋高就是你会想到的出路。平日勤奋工作所结出的果实和建立起来的自信，必将会让你在下一个舞台充分发光发热。因此，希望各位能够充满激情地去努力工作。

那么，勤奋的源头到底是什么呢？仔细一想，虽然是老生常谈了，但我还是要说，勤奋来自于志向。

那是一种为世间尽绵薄之力的心情，上升到更高的境界来说，是为了人类的进步做出自己的贡献的心情。这种志向，正是勤奋的根源。不管舞台有多大，这份志向将大大改变这个人的未来。

当然，志向不是突如其来的，而是在工作的过程中逐渐产生的。最开始的时候，志向再小也没关系，随着工作时间的推移，渐渐地就会有一些东西被唤醒，直到某一天突然感到醍醐灌顶。也就是说，在工作的过程中渐渐爱上工作，工作热情越来越高涨。

忠于自己人生信条的一郎与王贞治

是什么让世界日新月异？有人会说，是天赐的才能，是不断闪现的灵感。实际上，在那些知名人士的身上确实可以看到这点。

那些才能与灵感的确存在，但其本人却往往不看重这些。

举个简单的例子吧，棒球名将铃木一郎与松井秀喜就是这样。当称赞他们"你真是天才"的时候，他们不会回答"是啊，谢谢"，反倒会觉得你没有发现他们长久以来脚踏实地的努力，他们不希望人们只看结果，不要用"天才"、"才能"这样的词一言概之。

日本人基本上不可能在体育联赛上保持不败的记录。单从结果来看，一郎的确是天才，但天才的背后必定还有长久不懈的努力。当他还是一个无名少年的时候，父亲每天带他去击球场练习。从那个时候起，这份努力就已经开始了。在成名之前，在他还是业余少年棒球手时候，他坚持每天去击球场练习，不断地努力。

另外，一郎有一种叫作"钟摆打法"的独门绝技。他还在日本的职业棒球队效力的时候，有个教练曾让他改变这种打法，但是他拒绝了，结果成了替补。也许教练想用这种方式让一郎转变想法，可一郎却非常坚持。他确信自己应该这么做，并按照自己的方式继续努力着。

总之，我们不需要随大流，因为每个人都有自己的生存之道。一郎正因为明白这一点，所以才选择坚持自己的方式。

曾在巨人队打第四棒，后来成为教练的王贞治身上也有类似的经历。他刚开始使用独创的金鸡独立式击球法时，媒体立刻恶评如潮说："非但不好掌握平衡，而且击球节奏迟缓，根本行不通。"当时的体育报几乎是异口同声，要求王贞治放弃这种打法。

那个时候，荒川教练对王贞治进行了特训，让王贞治用日本刀练习，一刀劈下从天花板上掉下来的纸片。因为金鸡独立式的打法很难准确把握时机，所以要进行这样的特别训练。而这种打法正是其他选手想模仿也模仿不来的，我想，这也是棒球上的悟性吧。

所以说，天才并非天生，是努力与奋斗成就了天才。那些被称为是"人才"和"天才"的人，大多是坚持自己的道路，不断努力的人。不盲目模仿他人，坚守自我，最终取得非凡的成就。

刚开始做与别人不一样的事，起初难以得到旁人的理解和认同，甚至遭到反对。但是，等做出了成绩，又开始有很多人模仿他，这下子本来是自己特有的东西一下子变得稀松平常了。由此可见，不必过于在意外界的批评，坚持做自己认为正确的事情，终有一天会得到别人的认可。就像一郎就曾说过，"总是有一些声音传进耳朵里，影响到下一场比赛，所以我决定不看有关自己的报纸与新闻，因为我不关心他们怎么写我。"

我想我很能体会这种心情。为了集中精力不看有关自己的新闻，是出于情绪上的考虑，也是在为团队着想。应该说他的正面新闻多一些，但状态不好的时候也会有负面报道，读了之后让人情绪低落。当然，我想这也表现了他有感性的一面。

说到底，每个人都还是应该各自找出适合自己的做法。做法是因人而异的，但成功者的背后无一例外地包含着努力和勤奋。既要能听取他人意见，也要能够排除干扰，一心坚持自我。

努力之人自有"天助"

人们往往在别人做出成绩后说一句"那人真有本事"、"真是天才啊"，或者在他人费尽心思想出一个主意时用"灵感乍现"一语蔽之。但是我认为，那是通过孜孜不倦地努力学习，使能力得以加速提升的结果。

如果身体允许的话，我想不管是到了60岁、70岁还是80岁，我有信心会笔耕不辍地写下去。这一自信的来源不仅仅是因为我灵感不断，还因为我一直坚持学习，经常搜集了解新信息，并不断消化吸收。

总之，就我个人而言，虽然灵感常现，但是我不会只依赖于灵感。实际上不管有没有灵感，我都能写书。而且，事实是也只有这样的人，才会不断有新的灵感闪现。

有一句话叫"自助者天助之"，确实如此。不断努力地到达"即使没有灵感也能行"的层次之后，灵感往往就在此时降临了。这就好比在遇到困难时，一味地寻求神灵的帮助，神灵一般是不会帮你的。

因此，请保持"努力地去完成应该做的事"这样的精神状态吧。

我的职场新人时代充满了批评与中伤

我想很多读者都有人际关系方面的苦恼吧。尤其是像一郎那样取得了超凡成绩的人，大多个性突出，特立独行。当成绩被认可了之后，大家无话可说，但获得认可的过程肯定会遇到很多挫折并且充满了批评和中伤，此时，能不能挺过去，能不能坚持信念，是个严峻的考验。

其实每个人都经常被周围的人误解。说说我个人的故事吧，回忆我刚进公司还是一名新职员的时候，当时常被误解而遭到批评、中伤，甚至被欺负，我尽量不去在意那些事。可我甚至曾为了自己根本不知情的事遭到批评。比如，有人说我是风风光光进入公司的，但我根本不这么想，加入公司只是机缘巧合，我没有半分趾高气昂的气势。也有人说我是被强烈邀请进公司的。读者当中应该有东京大学的校友吧，请认真想一想，即便是东京大学毕业的，也难保不会在同一个事情上犯两次错误。有一天我从洗手间回来的时候，听到前辈们议论纷纷地说："那个东大毕业的人居然犯了两次同样的错误，估计他的能力也就那样了。"可就算是东大毕业又怎么样？东大毕业生也会犯错。甚至可以说，东大学生在事务性的工作上比一般人更有可能犯错。总之，大家以为我这个东大毕业生是绝对不会犯错的，而我又常常出错，所以我遭到了严厉的批评。更有甚者，居然质疑到"他一个东大毕业生还来我们公司，身上肯定是有很多不足吧？"

然而实际上只是因为事务性的工作不适合我而已，那些商业学校的毕业生应该更能胜任。因为我的优势在于站在宏观的视角上看问题，以发现的眼光和思考能力见长，所以不适合做琐碎的事务性工作。

这一点，更具体的体现在刚进公司时不会用算盘上。我记得在小学的时候学过一次珠算，就那么一次而已，怎么可能学会呢？可当时公司的人固执的认为我是东大毕业的，理所应当会用算盘，真是无稽之谈。

如今早就不用算盘了，但当时一进公司就有人塞给我一个算盘，说什么身为贸易公司的职员，珠算是基本技能，我当时就傻了。学校从来没有教过，就算现在开始练习，也不可能胜过长年珠算的人啊。然后他问我"那计算器会用吗？"当时我还没用过计算器，心算也是好久没有过了。我只好回答，"不会。不过笔算还行。"虽然这么说，其实就连笔算我也常常算错。

学生时代接触不到特别大的数字，算零花钱也是最多只到万元单位。能用的钱就那么多，几乎见不到超过百万日元的金额。但进入公司之后接触到的金额，甚至达到亿、十亿，或者更大的金额。所以，从没有接触过这么大的金额的我，常常在计算加减法的时候算错。有时数字太大了我搞不明白，以为错也是错在误差范围内，结果被领导狂骂"十亿日元也只是误差吗！"有时想辩解一句"只是错了一点点"，结果领导大怒"错能错到十亿日元吗！"想想看确实如此。毕竟是跟金钱打交道，一个小小的笔误有可能造成大笔资金的流失，十亿日元的确是大了点。

就这样，进入公司的第一年，我常常被批评"你就这点能力啊，也太笨了吧。"，还总是被嘲笑连加减法都搞不定，以至于有了解我的人曾好心地提醒我说，也许决策性的工作更适合你。而且，那时候我的英语也不怎么好，几乎都忘记了。当然，学校里的基础课程里有英语这一门，可专业课程开始之后就几乎没怎么学了。而其他的人大多都是具备一定的英语水平才来贸易公司工作的，不但有不少海归，还有专门去进修过语言的人，可我几乎要从零开始学习。所以进公司第一年，我受到了很多批评，说我既不会计算又不会说英语，怎么好意思来贸易公司工作？人事部门是怎么搞的，还说你特别有才能，所以才录用了你，现在看来根本一点用都没有。

但是，那些与我的日常工作没有直接接触的高层领导却对我抱有着很大的期待，在他们眼中，我度量大、精神饱满、是位非常有潜质的员工。与此相对的是，由于我的错误堆积如山，那些直接受连累的同事们却数落了我很多不是，说得我快哭了。

而这就是我充满批评与中伤的职场新人时代，真是很悲惨。

前辈们不指导我工作的原因

我刚入职的时候，好像态度很傲慢。更准确地说，其实我本人无意这样，只是看上去态度很傲慢。因此，那些早我一两年进来的前辈都不肯指导我工作。

或许是我的请教方式不好，如果我可以礼貌地说一句"请不吝赐教"的话，前辈们应该会好好教我的，可由于我态度傲慢，他们总是回答我说："这个自己都能弄懂吧。你大学没学过吗？"完全不教我。我的求教方式不对，不讨人欢心，也不虚心，前辈们像是商量好了一样，把我晾在一边，以为这样会让我更难受。就这样，我被周围的人完全无视了。

我在大学主修法律和政治，也学过一点经济，贸易和外汇方面没学过，不太懂它的构成与专业术语，工作起来很是吃力。

前辈们总用忙来搪塞不肯教我也就算了，可什么都不教，又丢给我一句"好好工作！"是不是有点过分？反正当时我是这么想的。

一开始我被分到外汇管理科室，因为之前没有学过外汇，什么也不懂，他们却突然让我打电话联系工作，这太勉为其难了吧。没办法，我只好一边看其他人是怎么做的，一边看书学习，慢慢熟悉工作。

顺便说一句，有的大学会教授有关财务报表与外汇类的知识，比如说一桥大学、早稻田大学和庆应大学，而我们公司也有从这些大学毕业的专业生。因此，那些财务专业毕业却未能进财务部的人对我充满了敌意，

"像你这样什么都不懂的人，怎么进的财务部啊？"我记得当时这种话听得耳朵快起茧子了。

就这样，当时公司里根本没有人愿意教我。

入职第二年编写《外汇教科书》扭转了同事对我的评价

我入职的第一年恶评如潮，到了第二年，情况却突然有了翻天覆地的变化，对我的评价加直线飙升。这到底是为什么呢？

是这样的，第二年又来了新职员，我为他们写了一本《外汇实务入门》，将这一年来自己读到学习到的知识，以及在实际工作中积累的经验进行整理总结，并将工作的方法分门别类，做了一本大约一百来页的手册。

复印之后我把它们分发给新员工，并告诉他们我在第一年时吃了不少苦头，不希望你们那么辛苦，所以把这一年来的经验总结下来，这里面包含了外汇常用思考方法概论，还有用语说明以及工作方法，有了它作参考，能更快适应工作。当我把这本手册递给上司的时候，他特别惊讶，感叹道："我们可是什么都没教你啊，你什么时候学会的！"

我能写下这本外汇工作手册，是公司创办以来史无前例的事，让大家大为惊讶。从此，周围人对待我的态度发生了剧变："原来他是有能力的。"

世间的确有看上去不会工作而实际上能胜任工作的人存在。一般像这样的人，只是蛰伏期比较长罢了。就像奥林匹克的游泳选手，从跳进水池到浮出水面需要花不少时间的。在蛰伏期间这些人虽然看上去不会工作，一旦崭露头角，人们便能发现他们真正的实力。

就这样，我花一年时间写成的这本外汇工作手册，让大家对我的评价完全改变了。

英语也是一样，刚入职时完全不会，因为夸下过海口，所以不得不立即开始学习，进而在实践过程中渐渐掌握了这门语言。

在贸易公司工作的那段时间，我历尽艰苦与磨炼没有轻易放弃。

你是否胸怀无私

我个人并不是很喜欢喝酒，也不打麻将，常有人说我不懂人情世故。其实是因为我喜欢学习，热爱读书，为了确保留出这一部分时间，因而特意将交际的范围缩小了。而且，那个时候的所学，也确实成就了今天的我。当然，我并不是不擅交际，而是刻意缩小了交际圈，尽量确保至少周末某一天能用来学习。我不惜被人说成不擅交际也要坚持不懈地学习，当时我就坚信这份努力他日必将开花结果。

不要以为别人赢得他人的认可是件容易的事。只要自己想的并非一己之私，总有一天周围的人会明白，自己并非只为了出人头地，而是真正在为了公司的利益努力。这样就能逐渐得到他人的理解，对自己的评价也会改变。

总之，要自问，自己能不能做到无私，或者说，是不是带着无私的目的在努力。对抱有无私的目的与公益性思想进行着不断努力的人，外界评价不会很差。大家不喜欢野心家，只有心怀无私的人才能得到大家的信任。然而，一开始，不要去奢求得到所有人的认可，更没有必要刻意去迎合别人，只要找到适合自己的道路并坚持下去就好了。

越是经济不景气的时候，越要勤奋。以上，我用自己不堪的往事讲述了勤奋的重要性。

3 重视外语学习

"经济萧条时代的员工学"的第二点，我想说的是重视外语的学习。

不论是什么公司，对语言能力的要求在不断上升。不管企业性质是什么，要发展壮大，就要与国际接轨。因此要重视外语学习，特别是到了经济不景气的时候，掌握一门外语能大大的为自己加分。

语言有很多种，抽出时间学习一门小语种并达到一定水平的话，也许将来有机会成为这方面的专家呢。但是，最重要的还是英语。如今，英语是唯一的国际语言。如果花同样的时间来学习的话，不论从生产力还是从前景上来说，都数英语最高。从学习回报到对公司的贡献上来说，花在英语上的时间不会白费。

学习英语贵在坚持。虽说只要稍加学习就能出成绩，但只有比其他人更长久地坚持下去，才能取得更大的成功。所以说还是不要轻易骄傲自满。希望大家能意识到自己只是一个普通人，应该孜孜不倦的努力。

偶尔也会有人说"我是英语天才"，"我是学语言的天才"，我对此是不怎么相信的。

比如说，谢里曼（发现特洛伊遗迹的考古学家）会好几种语言，为了要采掘古迹必须要阅读大量文献，所以他出于对古迹的热爱开始学习语言。像他那样心无旁骛地学习，的确能掌握好几国语言。可如今这个年代，我们要应付各种各样的工作，没有那么多空闲一下子学好几门语言。因此还是把英语当作首选比较好。

说到学习语言，我想说，坚持就是力量。

4 唤醒潜力的秘诀

评判公正的美国人

就像我前面所说的那样，外国人尤其是欧美国家的人，比日本人更能公平地对人做出评价。

日本人之间哪怕相交多年，也常常无法给出正确的判断与评价，但外国人就算只见过一次，只聊过五分种，都能给出公正的评判。我还在贸易公司工作的时候，美国人在这方面给我留下的印象实在太深了。

那时我还在纽约上班，英语还不太好，与美国人交流的时候对方有时就会突然冒一句"你是这样的一个人……"而且说得很准。尽管只是初次见面，而且英语说得很差，他们却能综合从我的才能、工作能力和性格做出判断实在令我吃惊。

我的日本朋友对我说过，相交已久却完全不了解我，然而欧美人却能立刻了解。虽然我英语说得很差，他们却能评价我是非常有才智且具有思想领袖人格的人，我听了之后很吃惊。更令人惊讶的是，他们不但能看出来，还直言不讳地说出来。

当时我深感美国人断事公正，因此对美国人有了新的认识。可遗憾的是，日本人却常常带着有色眼镜来看事情，不能像英美人那样公正地看人，直率地做出评价。

日本与美国的"任用方式"完全不一样

虽然我对美国现任总统奥巴马的施政方针有一部分不甚认同，但还是觉得美国这个国家真的很棒！

奥巴马的妈妈是白人，爸爸是来自肯尼亚的留学生。他在夏威夷出生之后，父母就离婚了。随后，妈妈与一名印度尼西亚人再婚，移居印尼，他在那里读过伊斯兰教的学校。

有这样经历的人，被选为首位黑人总统。奥巴马在主张与伊斯兰教徒和平共处的同时，还不断地攻打阿富汗。

然而，我仍然觉得美国是个了不起的国家。日本人不会像美国人那样来甄选人才。把同样的情况放在日本考虑一下就会明白了。

试想一下：来到日本的一名肯尼亚男性，和一个住在南部某地的日本女性结婚，他们的孩子曾在韩国等周边国家的学校上学，之后在日本大学毕业后不久成了日本的总理大臣。这样的事情对于日本人来说，几乎是无法想象的。

正因为如此，我才更佩服美国人的公平性。他们了不起的地方在于真正信奉人人平等与自由，能够公平的评判一个人的才能。然而回过头来看看日本的历任总理大臣，至今仍然用是不是名门望族、是不是政治世家当作标准。推选政治家时，只看出身而不重视个人能力，所以说日本选拔人才的方式尚不成熟。

因此，很多日本人在英语圈里学习。那不仅是在学习语言，更多的是要学习他们的文化。美国虽处于衰退中，但是绝不可以轻视，其基础实力还是非常强大的。尤其是选拔人才的方式，与日本截然不同。

日本未能完全开发女性和年轻人的才能

另一个让我惊讶的是，美国女性的优秀让我震惊。在日本几乎看不到那种特别优秀的女性，但是在美国这样的女性却有很多。说到底他们还是秉承男女平等、择优而用的原则，让女性也有平等竞争的机会，尽可能多地去发挥自己的能力。

比如在小布什执政时期，赖斯这一非洲黑人后裔担任了美国国务卿这一要职。据说，赖斯非常聪明，IQ高达两百，老布什执政期间，她也曾为总统分析国际政治形势。

能让非洲黑人后裔担任国务卿的美国真是了不起的国家。将权力赋予有能力的人，这种胆魄让人佩服。而实际上，赖斯也确实能担大任。

在美国，像她这么聪明的女性有很多。从这一层面上来说，日本尚未充分开发女性的才能。这其中不乏有文化的原因。

同样，在日本，有能力的年轻人也常被埋没。本来要在公司干出一番事业之人，却遭到排挤而跳槽或是开始独立创业，这种情况屡见不鲜。

经历得多了就会感到年轻时的烦恼不值一提

的确，要评价一个年轻人很难。人们总是用自己的年龄，相应的价值观来考虑问题。从某种意义上来说，这是正确的。

评论家渡部升一曾在很多本书中这样写道："在年轻的时候，大家都觉得夏目漱石真棒，但是像我一样随着年龄的增长就会觉得没什么意思了。"漱石的作品大都是在他三四十岁的时候写的,等过了那个年纪再来看那些作品中描述的人生烦恼就会觉得没劲了。

渡部这样写道:"上了年纪后,漱石所写的那些大问题已经不值一提了。本来很简单就能解决的问题,主人公却烦恼了很久。"

比如说,在明治时代借钱好像还是一件大事,在漱石的作品中,有以不能偿还借款的烦恼为主题的小说。对此,渡部说"现在再读,就会觉得主人公在为一些无聊的事情而烦恼"。

确实,到了一定年龄,常常会觉得年轻时的烦恼真是不值一提。一旦人生经历多了,自然就会明白这一点。

曾经在回答听众提问时,有一名女性提了这样一个问题,"本来为创业积攒的四百万日元被朋友借去后一直未还,不知道怎么办好。"

就她本人而言,没了创业基金确实是一件大事。但是,如果积累了一定的经验到了一定的年龄的话,就应该会事前让对方拿东西做担保再把钱借出去,或者会认为有风险便拒绝朋友的请求,要么只借一半。可没有这方面的经验就容易不知所措。

有关借钱的问题,学校的老师曾教给我们,借出去的钱就别指望会还回来。因为他真能还钱的话,就会去找银行借了。正因为在银行借不到，所以才会向你借不是吗？如果担心一口回绝会伤了朋友之间的情谊，那就只借给他十分之一，而且权当是送给他了。从一开始就抱着送给他的想法去借钱才不会破坏友情，你也不会有太大损失。这是以前社会科学课的老师教给我们的。

那之后当朋友找我借钱时，我就拿出了他所说金额的十分之一递给他，然后对他说不用还了。虽说只有十分之一，好像对方也没有被拒绝的感觉。后来，就如老师说的一样，那些钱确实不曾还回来过。一年后再提起，对方甚至连找我借过钱这回事都完全忘记了。

人们好像总是会适时地遗忘自己向他人借过东西，也有些人不是故意为之，只不过是善意地忘记了。

上面列举了夏目漱石的例子，讲述了年轻人总是搞不懂那些经历大了自然就会明白的事情。确实如此。但是，如果只是凭经验行事的话，也无法充分发掘年轻人的才能。如果将年轻人全新的见解以及年轻人感受到的新时代的气息全部以经验来进行判断的话，便无法顺应新时代。因此，听取年轻人的意见还是很有必要的。

如何激发出年轻人的潜力

我在年轻的时候也喜欢对领导们一直说个不停,我喜欢那些能好好听我把话讲完的人,喜欢那些能安然接受我意见的人。

年轻的时候,我常常一边觉得这是不是在说对方的坏话呢,一边直率的表达自己的意见。而且,当遇到被我刺到痛处还能坦率接受我意见的人,总能令我很开心。

因此,直到现在我仍然在某种程度上保持着这个习惯。比如说我有五个孩子,有三个还只是十来岁,他们向我表达想法的时候,我会把他们当作一名成年人,认真听他们的意见。即使他们的认识对错参半,我都会认真去听。而作为表达想法的一方来说,得到认同会让他们成长很多。相反地,如果不耐烦的说句"小孩子家懂什么!"那么孩子们恐怕以后再也不敢吱声了。

因此,在向你表达意见的时候,除了那些你实在不能接受的以外,其他的都从某种程度上给予认可吧。我想这是非常重要的一点提醒。

在职场上,不仅需要年龄与经验,同时也需要具备才能、知识以及新的感性认识。因此,领导层的人要有输得起的肚量,否则就没有办法进行创新和突破。尤其是在与感性有关的新商品开发、新兴产业相关的行业里，还是少拿资历说事儿为好。

如何让年长的人听取自己的意见

要做到尊重比自己年轻的人、听取年轻人的意见、向年轻人学习这类事情并不容易。

我三十多岁开始从事目前的工作，当时支持我的人中就有很多比我年长。虽然我当时的人生资历尚浅，修养方面也有不足。但在不断努力的同时，我做到了以礼待人，长此以往就获得了年长者的认可。时至今日，我仍然很受年长者的欢迎。

因此，也许和我之前说的相悖，年轻人要谦虚有礼，这样才能让年长者好好听取你的意见。

如果年长者没能接受你的意见，要好好反省一下，是不是自己的态度不好，还是内容不当？假如内容无不当之处，而是因为态度不够好，那么长者当然有可能会接受不了，所以这一点不容忽视。要有礼地陈述自己的意见。

今后的时代，尤其是经济不景气的时候，企划和策划非常重要，只有提出合理的策划，才能开展新的工作。

在这方面年轻人更有优势,当然其中也会夹杂很多没什么价值的东西。因此身为领导,要有一双弃其糟粕、取其精华的慧眼,而年轻人则要有百折不挠、积极提案的魄力。

5 在报告、联络、商谈时的注意点

委派工作并不意味着全权委任

在日本，报告、联系与商谈常被简称为"菠菜"（日语中这三个词的首字发音连接起来就是菠菜的日语发音），但是这并不是很容易就能做到的一件事。

最省心的当数唯命是从族，领导指哪儿打哪儿的工作方法最能轻松度日。或许只做上司交代的事情、不多管闲事、不催不汇报的确能独善其身。但是那既不能为公司分忧，也对公司的发展无益。

另外，我在本书第一章中也说过，受到上司的委派时，不要以为那是全权委任。其实是上司忙不过来让你帮忙而已，因此别误以为被委任了就能全按自己的喜好来。

站在上司的立场,及时地报告、联络、商谈

被委派就需要详尽地报告。也就是说,必须要站在上司的立场,在事情进行到一定阶段报告的时候及时向领导汇报。

而且,不但要做阶段性报告,还要适时征求上司的意见。有时上司会同意你的做法,也有可能要你作出调整。及时获得这些重要指示有助于工作的顺利开展。

在工作开展的过程中,会出现需要改变原计划的重要指示,所以,要养成及时沟通报告的良好习惯。同时,在工作过程中也要懂得经常换位思考,如果由上司来做这件事,他会如何呢?与此同时,当遇到"上司会不会也在这里犹豫,那么他会如何决断呢"的问题,及时向上司报告、联系、商量。

别以为委派给我的工作,就可以全部按我的喜好来。请注意,如果这么想的话就大错特错了。

6 严厉让人成长

必须要明白一点,工作这件事,与上司人好人坏没有任何关系,需要的是上司严厉。

某位外国作者写过一本叫作《幸之助论》的书,书中介绍了与松下幸之助有关的一些趣事,那是晚年的松下幸之助邀请一些主管一起共进午餐时发生的事。饭桌上有一道菜是牛排,当时已是80多岁高龄的松下幸之助没能吃完,剩下了一半。在饭局结束的时候,他请人叫来了做这道牛排的厨师,他强调说"不是店长,而是厨师"。那人不知道松下先生要说什么,诚惶诚恐地去叫来了厨师。于是,松下幸之助说了这一番话:"牛排剩了一半不是因为味道不好。味道非常棒。是因为我已经八十多岁了,吃不了那么多,所以才剩了一半。如果我什么都不说,就这样剩下,我想你也许会以为这道菜不符合客人口味而不安，所以特意叫你过来说明一下。"当时，其中一位受邀的主管看到了这一幕，不禁心生敬佩："幸之助先生真是圣人一般啊。"

接着，书中又讲述了那位主管五年后经历的一件事。当时那位主管负责的部门出现了财政赤字。高级顾问松下幸之助过来之后怒斥道："营业额都有一千亿日元怎么还会赤字！我是绝对不允许这样经营的！"大发雷霆的松下幸之助与之前的那位因为牛排剩下一半而特意向厨师解释的人，简直判若两人。当时该部门打算从总部融资200亿日元来救急，松下幸之助却说："不行。销售额都达到一千亿日元了还发生赤字，那这个部门从主管往下的员工都不是称职的销售人员。我要收回总部的两百亿日元的融资，绝不会让总部出这笔钱。"当相关人员解释说没有这两百亿日元的融资连员工的工资都发不出的时候，松下幸之助回答说："我知道。但是，这种经营方法行不通，绝对不行。马上做一个销售计划的调整方案，写清楚你们打算如何扭亏为盈，然后拿过来给我看。看了之后我给银行写介绍信'这一重建企划无误请准予融资'。有了这封介绍信，银行应该会借钱给你们。总而言之，本部绝对不会借钱给你们。"那名主管看见着暴怒的松下幸之助很是困惑："这与当年的幸之助先生是同一个人吗？"松下幸之助就是这样一个私底下非常和善，但工作上非常严厉的人。正因为他具有两面性，才不允许因散漫经营所造成赤字，企图依赖总部危机填补资金漏洞的情况发生。后来，这个故事被收录在了某个国外的经营学专家的书里。

确实，人应该热情和善，但工作需要严厉。这也是"经济萧条时代的员工学"的基础知识。

类似成本浪费、无效投资错误等直接导致经营出现问题的缺点，都必须及时进行修正。在工作上要贯彻严厉的作风，而在日常生活中就该做个有人情味儿的人。一般有这类双重性格的人，都是有德之人。

或许你会以为，那个会为了剩下的半份牛排说"抱歉"的松下幸之助在接到发生财政赤字的汇报时会安慰部下说："是吗，真遗憾。下次再努力吧。"但实际上他不会这么说，他绝不允许散漫经营。他是想告诉大家，不能有这种依赖的态度，既然把销售部门交给你，就必须好好管理经营。要知道，这种严厉，可以促人成长和进步。

7 让自己成为更加认真的人

蹩脚的英语亦能传词达意

在本章的第三节中，我说过应该好好学英语。对于年轻人来说，尤其是语言，它是一把能够衡量一个人努力程度的尺子。

学习外语确实很难。那些来到日本工作的外国人有的会说日语，但是一般发音都比较奇怪。但是，当说着蹩脚日语的外国人说出"好像晴天霹雳一样"这样的话，那听见的人一定会大吃一惊吧。发音不准确、日语不标准的外国人突然冒出那么艰涩的一句话很令人惊讶。"晴天霹雳"这种连日本人都不一定知道的词汇居然从外国人嘴里说出来，就算发音不标准，也会瞬间产生敬意，不敢小看这个人。

实际上，英语也同样如此。日本人说英语总是不太好，不能很流畅自如地表达出来。但是，如果在会话的时候，经常说些外国人本身也不知道的词的话，对方就会觉得"这个人很好学呢。""专业知识知道得真多啊。"

"晴天霹雳"这一个词，英语中也有能互通的词。比如说"a bolt from the blue"。"a bolt"是"雷"，"the blue"的意思是"晴空"。也就是"晴空出现惊雷"。这是与日语的"晴天霹雳"差不多的说法。

当某人突然被调走的时候要是日本人马上说句"It's a bolt from the blue"，那这次该轮到外国人惊讶了："你连这句英语都知道！"对于对方来说，这也是晴天霹雳啊。

在纽约用英语演讲时的趣事

许多年前，我曾在纽约用英语演讲，给大家讲讲那个时候的一件趣事。

事前我曾想，自大的纽约人也许是抱着"去听听日本人讲英语"的想法过来听的。所以，我在演讲当中插入一些英语来开个玩笑。

我去纽约之前，社会上正在争论冥王星是不是可以称为行星。在科学杂志及报纸的科学栏目中经常有"冥王星的直径很小，可能不能算是行星"之类的报道。

结果，冥王星从行星被降格为准行星。于是，一些美国人开始使用"be plutoed"表达"被降格"的意思。"pluto"本来是"冥王星"的意思，随着冥王星的降格，人本将这个名词动词化，变为被动态"be plutoed"来开玩笑并流行开来。这个词没有被收录到字典里，但是如果常读英语报纸的专栏和英语的杂志就会知道。

于是，我试着在演讲时使用了"be plutoed"这个词，结果一部分的纽约人笑了，还有一部分没有任何反应。后者大概是完全不读与科学相关的文章而不知道这个词吧。而且，知道"be plutoed"的纽约人应该会觉得，这个人连最新的英语都掌握了呢。

那些曾在美国待过或是曾学过英语的人，往往听不懂最近一两年新出的英语。既没有听说过，词典上也查不到。

总之，那些听明白了的纽约人，应该会因为感觉我与其他日本人不一样，好像跟自己具备同水准的知识而对我产生亲切感吧。另外一部分没听明白的人，则会觉得也许我懂得的比他们更多，而不知不觉地忘了我的发音和语法错误，最后只记得我说了连他都不懂的英语词汇。

我常在英语演讲会上这么做。就像外国人说"晴天霹雳"日本人会震惊一样，我在用英语演讲的时候也乐此不疲。

广博的知识非常有用

也有相反的例子。我亲眼见过很多这样的情景：有口译资格的日本导游，说着非常流利的英语，却在一瞬间突然呆住了，一句话也说不出来。导游对于熟悉的观光路线应该可以非常流畅地进行讲解，但当涉及思想、政治、哲学之类他们不怎么关心的领域就会突然什么也说不出来。如果一直沉默的话，导游就没什么作用了。像这样的情况很多。

归根结底，我要说的是，掌握广博的知识很有必要。

还有其他类似的例子。那次我到位于美国西海岸的加利福尼亚去旅行，同行的日本导游英语说得特别好。于是我就问他："这一带好像离彼得·德鲁克的家很近，请问，你知道这个人吗？"结果那个导游并不知道。当然，的确会有人不了解与管理学相关领域的知识。因此，那位导游一下子就不说话了，而谈话也就无法进行下去。

所以，即使对自己的英语能力很有自信，还是要经常学习，扩展自己的兴趣与知识面。因为不知道今后会遇到什么样的话题，所以请不要懈怠，更不能轻视对手。因为社会上说什么话题的人都有。即便感觉自己的英语能力特别强，也会因为别人突然说起不熟悉的话题而瞬间沉默。这就是知识储备还不够，所以才会什么也说不出来。

知识面的宽窄和知识储备的多寡，能够颠倒谈话双方的地位。一开始高高在上自以为是的人，会因为知识的匮乏遭到对方的大逆转。我经历过好几次这种大逆转，所以，我希望大家都能够广泛地汲取知识。

说回英语，其实到最后并不是英语的比试，而是日语的比试。真正决定输赢的是日语知识储备究竟有多少。缺乏某个领域的知识，就不可能用英语表述出来。用母语尚不能讲述清楚，谈何英语？

在本章的最后，我想强调，在经济不景气的时候尤其要重视学习。上到社长下到基层员工，都不要忘记经常磨砺自己的知识宝剑。

第三章
我所倡导的的工作方法

- 工作成功也是一条通向幸福之道
- 抱有乐观、积极、正面的人生观
- 消除嫉妒,保持一颗祝福之心
- 充分发挥自己的天分
- 不说前公司坏话是一种美德
- 考试型人才难以成功的三种原因
- 采取合理的工作方法
- 什么是成功能量的源泉
- 心怀更远大的目标

1 工作成功也是一条通向幸福之道

我一直在阐述一种贯穿于今生与彼世的幸福。有时候我会说一些有关工作的话题,而当有人问到如何才能幸福时,我常说,工作本身干得很出色、很成功,就能幸福。

工作上不成功,对社会的贡献就小。所以,通过工作创造了价值,有了经济收入,使家庭幸福,让自己感受到成就感,各方面就得到了满足。

从这一层意思上来说,研究并探寻我们所倡导的工作方法是什么就非常重要。

本章无法尽述所有的工作方法,先来说一说其中的核心内容。这些都是我亲身实践过的做法。它不一定适合所有人,但至少能在一定程度上对大家有所帮助。

2 抱有乐观、积极、正面的人生观

找出自己性格当中的正能量，扼制负能量

说到工作，工作态度是首要的。应该怎么对待工作、用什么样的态度对待工作，是职场成功法的主要内容。

人天生的性格各有不同，有人认为它是受父母遗传的影响，一出生就已经决定了将来成功还是失败。过了二十岁之后，更不可能改变什么了。但是，这种想法未免太消极了。

诚然，人有与生俱来的性格，各人的性格也各不相同，但也不能以此为由安于现状，重要的是从自己的性格中挖掘出能引领我们走向成功的因素。而那些可能导致失败的因素，就该尽量把它扼杀在萌芽状态。

但凡失败，都是因为忽略了那些能够成就自己的成功因素，反而放大了那些造成自己失败的因素。

性格因人而异,即使是同胞兄弟姐妹,性格也有差异。世界上没有两个人的性格会完全一样,不管天生的性格是怎么样的,做事情都会有一个最好和最坏的界限标准。而我们要做的,就是在自己的能力范围内播下成功的种子,并让它茁壮成长。

内心明媚,则招徕幸福;内心晦暗,则招致不幸

有关成功方法的思考有很多种,而最有效的,则是对待人生,要保持积极态度。不管是多么优秀的人,倘若思维方式特别消极的话,则肯定会招致失败。同样优秀的人,一个内心悲观、一个乐观,其结果是完全不同的。

心境决定了待人接物的态度。也就是说,积极乐观的人能像磁石一样吸引同样气场的事物。与此相对,消极悲观的人,就会吸引同样阴暗的事物。

比如说,自己的孩子在考试中得了80分,你们是会严厉批评那答错的20分呢?还是会表扬那答对的80分?我想应该是这两种人都有。不管是哪一种,80分的结果是一样的,却由于评价的方式不一样演变成不同的故事。这其中有两种比较有代表性的观点。一种是"既然得了80分，再努把力多考20分就是满分了。"而另一种是，"错了20分之多，真差劲！"前者的鼓励能让孩子成长得更快，引导他走上一条成功之道。而后者，则让孩子受尽指责最终陷入失败。

孩子们尚且如此，大人们也不会例外。

沉沦于过去的失败当中，会在相当长一段时间里无法自拔。从早晨醒来开始一直纠结于过去的失败，还唯恐接下来会遭遇失败的人，大多与成功无缘。恋爱上也是一样。俗话说得好，爱念叨过去的人是失恋专业户。不停地懊恼上一次恋爱太失败了，自己真没用的人即便有了新的邂逅，也一定会断送在自己手里的。新的恋人与以前的恋人是完全不一样的人。两人的父母、遗传因子、教育环境各不相同。既然是全新的一个人，就应该换一个思维方式，与新的恋人相处。可有些人却总是活在过去的阴影之中，并将其投射在新恋人的身上。比如说，以前说过这样的话让对方很反感，可偏偏这次又对新恋人说了同样的话，感觉自己很差劲，内心大为受挫。这样一来，只会让自己反复陷入重复失败当中。

要知道，心中的图画会具象显现出来。阴暗的画面导致失败，而积极乐观的画面则会让结果非常美好。这一心灵法则，常常被写进书里，但它是需要亲身经历才能明白的。改变自己的精神状态，就等于改变了自己的未来。

自己的精神状态直接影响身边的人

工作不是单靠一个人就能完成的，需要有团队的其他同事。如果自己的思维方式是积极肯定的，那么不仅自己会变得神采奕奕，周围的人也会变得阳光起来。

比如说在棒球队里，如果有一个选手总是精神十足来带动大家，那么即使输了比赛，也会因为这个人的鼓励让大家坚持不懈地努力下去。

积极乐观的人能带动周围人的情绪，给予他人正能量。然而如果朋友中间出现一个消极的人，那么大家好不容易被激起的兴趣就会因他的一句话给败了兴致。

这种人一走进房间，氛围会立刻消沉起来。而这样的人，无论被分配到哪个部门，都不会受人欢迎。所以说，阴暗的人不仅影响自己，更会影响到周围人的情绪。

这样的人怎么可能成功呢？或许世界上存在一种内心黑暗的人能成功的行业，但这种黑暗行业，肯定是偏离主流社会的。

让人意外的是，在占卜这类行当里，那些说出灾患之事的人反而更受欢迎。有很多人求签问卦其实都是想听到一些不好的消息，迎合这种心理就能让对方心甘情愿的掏钱，这样占卜师们就能赚到不少钱。但是，在日常的生活中却并非如此。

发现事物积极的一面是成功的秘诀

拥有乐观积极的人生观才是成功的正道。心性阴暗就应该努力变得乐观。不对，是必须改变。

阳光亦有照射不到的地方，世间有光明就一定有阴暗，沉溺在黑暗中的人，就一定会看不见阳光。凡事必有两面，务必要着眼于光明的一面，那才是成功的秘诀。拥有这种思维的人，不但能让周围的人愿意出手相助，也会得到更多更好的主意、资金和其他对自己有帮助的物资。然而，只见到阴暗面的人却得不到这些。比如，跟阴暗的人在一起，即便结了婚也无法相伴终生。不管结婚的时候许下了多么坚贞的誓言，也肯定会想要逃出婚姻。这个道理适用于男人，也适用于女人。世间万物都有两面，要努力看到光明的一面。这样，才能过得越来越好。

这上面我有切实的体验。有些抱持着负面思想的读者，一味地自我否定。他们不知道，正是这样的思维方式给自己召来不幸。要消除这种思维方式，战胜消极，只能靠自己。比如，有些人会因为家人的不幸离世而痛苦好几十年。但世事无常，人终有一死。无论那个人活着的时候给自己带来多少幸福也要学着放下。时代需要更迭，有人出生就会有人逝去。

所以说，只看到阴暗面的人，会觉得世界就只剩下一片黑暗。其实，世间还是有很多美好的东西，只是他们不愿去看见罢了。归根结底，重点是用一双怎样的眼睛看待世界。

追随我的人们，有凡事看好的一面的倾向。抱有乐观积极的态度，即使陷入了困境，也很快会有力挽狂澜的力量。这一切都是因为我们有一颗积极向上的心，不管遭遇怎样的失败，一定会克服它并迈向成功。

3 消除嫉妒，保持一颗祝福之心

爱嫉妒的人与幸福无缘

你看待问题是乐观还是消极，直接关系到你与他人的人际关系，同样也会关系到你对他人会嫉妒，还是祝福。

在上一节当中曾说过，事物都有光明与阴暗两面，你看到的那一面直接影响你的人生。意识到了这一点，下一步就是要明白，嫉妒会给人生造成很大的伤害。越早知道这一点，就能越早开始幸福人生。

要知道，嫉妒无法为你带来幸福。别人身上总会有比自己出色的地方，而一味地用别人的长处跟自己的短处比较，自然而然的就会心生自卑感，从而无法感受到幸福。

人们常常会因为金钱、才能、能力、体力等各方面对他人心生嫉妒。

但是，嫉妒别人的人，终将在不幸中结束自己的人生，我觉得这样的人很可怜。唯有不嫉妒他人的人才会幸福。

有这种嫉妒癖的人，必须认识到嫉妒是招致不幸的根源，唯有认识到这一点才能转变。

当自己的心被阴暗引领，被嫉妒充斥，就会自怨自艾，自艾自怜，带着这样的精神状态，是不可能走向成功的。

发现他人的优点亦能帮助自身成长

面对成功或是优秀的人，不要嫉妒，应该给予肯定。不要根据主观好恶去评判别人是否优秀。诚然，喜恶是种本能的反应，但对于别人的长处，应该客观地给予认可。而且，认可他人也是一种自我成长。不能认同他人优秀之处的人难成大器。要成长，就需要有容人之量。

那些一边羡慕他人的成功，一边挑刺儿的人是很卑劣的。另外，只知道嫉妒他人，并一味说他人坏话的人是无法获得别人尊敬的，也交不到朋友。他们怕自己指责别人的那些坏话会反过来被用在自己身上，因而不愿意跟别人交往。

而那些能够肯定别人长处与成功的人，往往都有很好的人缘。推己及人，好人眼中好人多，所以跟身边的人相处的越来越融洽。

因此，为了自己，就不要去嫉妒他人。应该抱着喜悦的心情来祝福他人。

有个别人认为，自己不幸福也不能让别人幸福，他们的人生注定是不幸的。对于别人的失败，不能站在一边看笑话。

营造"肯定成功者"的企业文化

成功时要感恩别人的帮助，失败时则要首先反思自身的不足。而当别人成功时，应该给予积极地肯定。希望你能成为这样的人。

毕竟个人的成功同样有助于公司的发展，对公司来说是一件好事。成功人士越多，越能带动公司整体发展。即使成功的不是自己而是别人，公司得到发展必会惠及自身，这也是一件好事。比如公司里有人成功地发现了新商机，使整个销售业绩都得到了提高，这不就是一件好事吗。因此，应该肯定这样的人，也要以此为榜样。如果所有员工都能如此，企业就能获得更大的发展。

反过来说，倘若企业内部形成大家对于成功者群起而攻之，就会打消大家的积极性。进一步说，无能的上司身边总是围绕着一些对自己不构成威胁的无用之人。一旦出现了有才能的人,他们就感觉自己岌岌可危,而去招集一些威胁不到自己的人。这样一来,公司就会越来越衰败了。

因此,作为一个企业,必须营造良好风气,让大家都能积极地肯定别人的成绩,这样的企业一定会发展壮大。如果每个人都只考虑自己,平衡势力,那么渐渐的公司整体越来越差,自己应得的那一份也就越来越小,情况越来越糟。所以,把成功扩大化的思维方式很重要。

为了做到这一点,必须剖析自己,培养出能肯定他人、赞美他人的心胸与气度。做到了这一点,自己也成熟了一大步。拥有容人之量,能够真心祝福别人,这样多好。

赞美他人时要谨防"糖衣炮弹"

能积极地肯定、祝福他人的人非常有魅力,但同时,也要注意"糖衣炮弹"。而所谓的"糖衣炮弹"指的到底是什么呢?首先,要在赞美他人的同时,提防别有用心的赞美。赞美会让工作热情高涨,因此有的人不管是否真心,单纯为了哄人开心,为一己之私而刻意的"唱赞歌",就像在甜点上抹糖一样。其次,是企图掩盖一些不好的事实。这是将"不要看不好的一面"变成了"掩盖不好的一面"。然而,刻意掩盖失败会有碍发展。看到事物的光明面固然重要，但也不能被欺骗和利用。这里就需要智慧了。

社会上有很多光明思想家，这些人当中，渴望成功却事与愿违的人，大多都会指责这种"糖衣炮弹"。赞美他人，是从心底里真诚看待对方出色的地方，而不是为了利用对方而赞美。这种人，就是所谓的会拍马屁、善阿谀之人。不管他们多么渴望成功，结局往往注定是堕落或失败的。

另外，赞美的重点有偏差也会导致失败。世界上确实存在看见他人失败就会欢呼的人，可能他们本人也没有意识到自己这个缺点。从这一层面上来说，要扪心自问，自己是否真心祝愿他人幸福。

需要注意，只是一味赞美他人的人，大多性格非常软弱。正因为性格软弱，所以无法坦率提醒别人自己注意到的错误和失败的危险。这一点必须要引起重视。

戴尔·卡耐基《人性的弱点》思想的问题点

美国的戴尔·卡耐基的思想里有类似的地方。他的著作《人性的弱点》中说道："总之，人总会被赞美打动。"

这一点，我也曾实践过。的确，人人都喜欢得到赞美。只是，如果赞美只是单纯地哄对方开心，而赞美得又不恰当的话则会起到反效果，也会让对方感到自己不诚实。虽然卡耐基提倡尽情地赞美，但在我看来却有些不妥。我认为，赞美的真正意义在于鼓励人，让人充满活力。

鼓励人，就要鼓励到点子上。而当意识到对方身上存在不足时，光鼓励是不够的。这个时候，要认真对他的工作进行指导，指出工作上的失误，对他需要注意的地方直言不讳。而且，要想真正鼓励到他人，还需要克服自己的软弱。对于真正关爱的人，不能眼睁睁看着他失败。发现问题及时提醒，也是一种鼓励之爱。

赞美令人开心，但为了进一步做好工作，光靠赞美还不够，还需要严厉的指导。我们要运用智慧来解决问题。"严厉之爱"也是一种"鼓励之爱"。该严厉的地方必须严厉，要让对方知道，严厉，是因为真正为他着想。从这里就可以看出，一个人的思想是否纯粹。

4 充分发挥自己的天分

牵牛花的种子永远开不出向日葵的花

如果将不同的人比作是不同花的种子,每颗种子都会开出不同的花朵,而每朵花,都是独一无二的美丽存在。世界上没有两朵完全相同的花,就好比每个人拥有不同的天分一样。

为什么这么说呢。佛教上也说,人的身上都有佛性。人生不是只有这一次,每个人都会经历数次轮回转世,会几千年、几万年的生存下去,当然就会有过去所积累的东西。

比如在前世为人师长的人,今生这方面就会优于常人。以此类推,每个人都拥有与生俱来的独特天分。

只可惜,并不是每个人都能充分理解这一点。所以,就要在自我成长的过程中不断进行自省，从而找到自己的天分。

当然，在注意发掘自己天分的同时，也要留意别人的天分又在哪里。

让自己的天分开出美丽的花朵，就能收获幸福的人生。

牵牛花的种子就应该盛开成为一株美丽的牵牛花。不管是红色还是蓝色，每朵牵牛花都应该努力绽放自己的美丽。可是，明明是牵牛花却偏偏想当向日葵的话，那就会陷入嫉妒和苦闷中无以自拔。

向日葵能长很高，花也很大很醒目，并且朝气十足，惹人喜爱。确实，牵牛花比向日葵矮小，花朵小，花期短。可也不能说牵牛花一定比向日葵差。它同样是装点夏天的一道美丽风景。不管是牵牛花还是向日葵，都有自己独特的美，各有千秋。所以，还是关注于自己的天分吧。

千人一面就能幸福吗？答案当然是否定的。毕竟每朵花都蕴藏着各自的幸福，还是将发掘自己的天分当成人生的重要课题吧。伴随着成长，人们会逐渐明白这一点。

从幼儿时期就能大致看出一个人的特质，当然这其中还有环境因素。等过了十岁，开始懂事了，有了自己的喜好，但是性格反映的还不够完整。而到二十岁左右，则能大致判断出这个人是什么样的性格，有什么样的能力。但在迈进职场之前，这些尚且影响不了将来的成功与失败。直到三十岁左右，职场素养大致显现，等到了五十岁，差不多就可以论成败定英雄了。

而我们要学会的就是，找出自己的天分，然后最大限度地发挥出来。

我不认为所有的人都变成一个样子就叫作成功。最重要的是，花儿各自绽放，找出自己的天分，并将其发扬光大，这才是正道。

管理层应知人善用

身为管理层，应做到知人善用。凿子就是凿子，刨子就刨子，锯子就是锯子，各尽其用是每个人最大的幸福。倘若，这些工具如果用错了地方就糟糕了，该用刨子的地方用了锯子就无法制出平滑的表面，想锯出口来就需要用凿子。

每个人要发掘并培养自己的天分，而管理层也要知人善用，这样才能让大家的人生都精彩起来。

不过，在这里有一些误区。比如说，锯子想当刨子，而用它的人又感觉必须尊重它的意愿，那么从此不幸就开始了。

洞悉每个人的天分，应该告诉他既然你天生是一把好锯，还是好好发挥你的使命吧，这才是智慧的选择。

反过来，倘若宣扬"不论是锯还是凿，都能变成刨"这种"光明思想"，则会让许多人堕落和失败。所以，要用智慧对待这个问题。

5 不说前公司的坏话是一种美德

不要变成一个对环境抱怨，没有责任感的人

对于工作态度，我认为有几点要注意的。

在现代这样一个流动型社会，跳槽已经非常普遍，但是进入到一家新公司之后，说了很多前公司或是前同事坏话的人，基本上都是不堪重用之人。到目前为止这样的人我看过很多，无一例外。我见过很多这种类型的人，他们缺乏责任感，常抱怨环境、公司、同事、行业。即使去了一家新公司，那里也不会是他梦想的天堂。这种人必须转变一下思维方式。虽然之前的公司的确有不足之处，可是在这种情况下应该保持沉默，不应该说坏话。这样的人即使到一个新公司，如果达不到他满意，不久之后又会跳槽，又在下一家公司说这家公司和同事、行业的坏话。

不仅职场如此，社交圈也是一样。有些人加过很多不同的圈子，当他加入一个新的社交圈，就容易说起前一个圈子的坏话。这个圈子的人听到有人说其他圈子的坏话，通常会心想"原来那个圈子这么乱啊，还是我们好"，于是很开心地接受他。诸如此类，社交圈有一种倾向，喜欢听别的圈子的八卦。尤其是当八卦的这个人曾在那个圈子里有特殊地位，还数落他们的诸多不是，一般新的社交圈里的人都会高兴地接受。然而，这种人一旦没有在新加入的圈子里获得自己想要的待遇，很快又加入到别的社交圈中，同样还会说很多以前圈子的不是。这就是他们的品性。

婚姻也是如此。如今离婚、再婚的人很多。再婚之后一直数落之前配偶不是的人，现任的老公或是老婆就要当心了："谁知道他会不会也这么说我呢。"一旦夫妻关系恶化，就会被甩掉，成为新的数落对象。

这种类型的人太多了，他们总对别人和环境充满了抱怨而不自省，要小心这类人。

不管在职时间长短，都应尽心竭力

另外，不管在公司任职一年、三年还是五年，我们都受到了公司的关照，得以谋得一份职业，有了生活的动力。因此，不论在职时间长短，都要珍惜与公司的缘分，好好工作。越是感觉很快要离开，越是要加倍努力工作，才能在今后的职场上获得成功。

当到新的公司被问到"之前的公司怎么样"时，应当回答"那是一家非常好的公司。老板很好，同事们也很亲切，工作很愉快。"

即便是为了磨砺自己而辞职的，但是，若能感恩前公司，并将当时的工作经历当成宝贵的经验，这样的人在新的公司很有可能获得成功。

这样的例子比比皆是。我也曾有这样的想法。我在上一章中也说过，我在开创目前事业之前也曾在公司任职过。当然，我想过总有一天会辞职离开。但是，为了生计，为了学习工作方法，需要一定的时间准备，于是进入公司工作。正因为我知道自己会辞职，所以付出十倍的努力诚心诚意的工作，结果却招来同事们的误解。他们以为我过于功利，急于出人头地。后来，他们都惊讶于我取得的成就。辞职之后，他们对我的评价反而更高了。

他们对我说，"原来如此，当时误会你了。看着你那么努力地工作，还以为你是急于出人头地呢，原来并非如此啊。"

无论与公司的缘分是长是短，既然从公司得到了生活来源，得到了一个锻炼自己的平台，当然应该努力的工作。辞职之后也不要说前公司的不是，这是做人的美德。

人生是一场修行，不可能万事顺遂，应该心怀一颗奉献与感恩的心。

以上，就是应有的工作态度。

6 考试型人才难以成功的三种原因

不够细心、反应迟钝、缺乏预见性

想要在工作上获得成功,除了努力摒弃不够细心、反应迟钝、缺乏预见性这三个缺点之外,还要有一颗信仰之心,它将助你一臂之力。

社会上很多人认为擅长考试的人更容易取得成功,可实际上并不尽然。

擅长考试的人有个共同特点,其中之一是不够细心。虽然擅长学习,但是却做不到缜密周到。其次是反应迟钝。他们擅长学习,善于读书解题,可就是反应迟钝。第三是缺乏预见性。成绩好、学历好的人,受到众人厚望却无法胜任工作的人并不少见,没有五成也有三成,甚至更多。"会学习"的人中大约只有六、七成的人能胜任工作,还有一些人则对工作束手无策,而他们身上都有上述的三个特点。

过分追求一碗水端平，容易抓不到重点

如果你是这类型的人，不妨好好想一想："自己学历这么高，为什么外界评价却这么低呢？""过去成绩那么好，为什么没法成功呢？"首先，要审视自己，是否心思细腻，聪明伶俐，要知道愚钝是前进的绊脚石。

社会上有很多反应迟钝又抓不住重点的人。这其中还有原则性非常强的人。比如说，过分追求公平、追求一碗水端平的人就是这样。

战后，资本主义繁荣发展，为全世界的经济带来了繁荣，同时也造成了贫富分化的现象。若只是从追求形式上公平的角度出发，那么就可能得出这种繁荣毫无意义的结论。

企图用一个标准来衡量一切，一般都会有偏差，容易丢掉重点。

在这些原则性特别强的人当中，不乏存在着十分擅长学习的人。实际上你所学到的东西是否是正确的，这是需要从宏观的角度进行理性判断的。从不思考所学的东西是否合乎现实世界的规则，考试型人才中不乏这种高分低能者。

只能看见眼前文案工作的财政官员

有些人善于处理文件，工作效率也很高，但总是给人似乎哪里差点意思的感觉。那么这个人多半没有什么预见性。

会写文件，却想不到该如何实施，想不到因这个方案调动的人力和财力将造成怎样的结果。他们只善于判断文件的可行性，却缺乏进一步思考怎样实施的预见性。

或许这个例子有些失礼，比如有些日本的财政部官员就是这种类型的人。他们快速处理大量的预算申请书之类的文件，还为自己的工作速度而沾沾自喜，认为自己不但快速处理了堆积如山的文件，还否决了很多不合理的请求，在预算之内解决了问题，实在是非常了不起。但是，他们通常没有去思考，下一步该怎么办或者自己制定的预算该如何去实施。很遗憾，日本的确有很多这样的官员。举个极端的例子，比如一旦决定预算一律减半，那么就算预算减半后桥只能建起一半，他们还是坚持一刀切。但是，桥只建一半有什么意义呢，还不如取消预算。可他们还是会固执的坚持，桥梁建设的预算也应该变为一半。

又或者说农业。日本的农业生产总值不到十兆[①]日元，收入为三兆日

---

① 古时，在中国、日本、朝鲜，1兆=1万亿，现在换算单位为1兆=100万

元左右，补助金却给了五兆日元。这就是因为没有好好地规划。如果是生产总值达到五十兆日元的产业，那么尚可投入五兆日元。但是，给当前的日本农业投入五兆日元也只是白白损失。这一点，真让人难以理解。

应试教育要求迅速做出判断的能力，成绩好的人一般都有这样的能力。但是，他们想不到判断之后的下一步应该怎么办。而学校也很少教这方面的能力，很容易造成能力缺失。

假如感觉自己很聪明却怀才不遇的话，应该回想一下自己是否犯了不够细心、反应迟钝、缺乏预见性这三个错误，其中必有一点是你的问题所在。

对策①——不要只考虑自己，注意观察周围

那么，怎么改掉这三个缺点呢？

首先，不够细心的人就不要凡事只考虑自己，要留心观察别人的想法、兴趣，观察他们都在做什么。只考虑自己的人做不到顾全他人。

头脑聪明却一心只想着自己的人有很多，因此，他们也就无法洞察出他人的想法。这一类型的人，还是不要沉迷于自己的世界，要多多关心别人。比如乘坐地铁的时候，不要只是看报纸，去看看身边的人都在

做什么？在讨论什么？读什么周刊？有什么动作表情？谁坐着谁站着？老年人在做什么？孩子们又在做什么？诸如此类，试着多看多了解，才能发现社会上的各种问题，而对这些毫不关心的人是不会明白的。

在公司里也是如此。不能只关注自己的工作，更应该多看看其他人都在做些什么工作呢？如果你无法做到这一点，那成功将离你越来越远。

对策② ——抽时间独处，自我反省

下面我来谈一下如何培养洞察力，这是应试教育里没有的内容。这种能力，只有那些对世事洞若观火的人才有。

那么怎样培养敏锐的洞察力呢？没有尝过孤独的人，没有敏锐的洞察力。所以，要抽时间独处，创造一段时间用以思考、阅读。在独处时审视自己，才能让洞察力敏锐起来。

那些总是停不下脚步的人，直觉很难发挥作用。独处时，是反省与冥想的好机会。趁此机会，让自己静一下，反省自己，磨炼自己的洞察力，这也是一种修行。

对策③ ——保持思考，训练预见性

第三点就是预见性。有些人这方面的能力很差，他们总是被琐事牵累，由此可见，他们的预见性是很贫乏的。

因此，与培养直觉一样，培养预见性同样需要在一定时间里持续思考，畅想未来，想一想眼前事物和自己的未来，想一想孩子的未来，想一想这个老师会把孩子教成什么样？这种性格的人进了银行工作，十年之后会是什么样？二十年后呢？等等。这种预见性，是与考试能力完全没有关系的，它们是在现实中取得成功的重要因素。也就是说，要去设想这个人从事此职业二十年之后是什么样？进入这家公司的前景是什么样？和这个人结婚后会是什么情形？这样的预见性，很大程度上决定着人生能否成功。

做不到这一点，单凭一时冲动采取行动的人，常常遭遇失败。而且，锻炼这种预见性，常有意想不到的效果。尤其是做谋士、军师型工作的人，往往这种能力都很强，因为，这是他们必备的才能。

他们要在战争开始前预想到敌方会派谁出战？兵力有多强？人数会有多少？战斗地点的地形是怎样的？要能筹谋最佳的应敌方案，结果会如何？可以说，预见性定成败。而缺乏预见性的人，往往在战争开始一个小时后，己方军队开始溃败才反应过来要调整战术，却为时已晚了。

非常有预见性的军师，在战争开始之前就能知道个大概了，可以从敌军的布阵与我军的布阵，对方的大将与己方的大将，还有从天气、粮草以及其他的条件来判断胜算几何。若是觉得把握不大就应该先暂时后退，重新做准备等待时机。很可惜，世上很多人通常都缺乏这样的预见性。

由此可见，预见性是辅助成功的重要力量。现实生活中没人会教你，大多依赖于天赋和与生俱来的才能。但这也是可以通过后期努力来获得的，然而一般人并没有认识到这种能力能辅助我们取得事业上的成功，否则，人生就会有大不相同。

比如说，单纯去想星期天要帮谁完成这项工作的人，一般都碌碌无为。应该想到的是，星期天这个人做这项工作的时候，需要些什么，天气会如何，要聚集多少人，在哪里进行，工作目的是什么。预想到了这些就会明白什么是必需的，以及必须要做什么。这是会工作的人所必要的条件。不明白这一点，当天自顾自的去做自己那部分的工作，当被人寻问没有这个吗？还缺那个吗的时候，就会因为没有预见可能会发生的事情而弄得自己措手不及。

7 采取合理的工作方法

试着将问题与烦恼详细写下来

现代职场上，方方面面都很有规则性。成功与失败都有其必然原因。

比如说，公司一旦误入歧途，最终必然会倒闭。根据公司的决算与营业计划可以预见到公司将在三个月后倒闭，根据决算资料与资金回笼情况，可以判断三个月之后，这张汇票将拒绝承兑，公司会破产。然而，公司到了濒临破产的地步，却仍有社长不了解这一点。他们缺乏预见性，天真地以为能挺过去。所以说，每件事情都具有一定的因果关系。尽可能作出合理的判断，是成功的秘诀之一。

而对于职场来说，合理的工作方法是制胜关键。

合理的工作方法有好几种。首先，为了提高工作效率，必须明确工作出现停滞的原因，以及当前的困难是什么？

通常，A项工作上出了问题常常会牵连到B项工作的进度，这会使原本顺利进行的B受到影响。出现问题，找不到解决方法，又思绪纷乱的人，试着把因为什么而烦恼，出现什么问题，哪些问题找不到解决办法等，一条一条写下来。能写出上百条是天才，一般不会超过一百条。最多也就是二三十条，大多都在十条以内。大部分情况下，都是围绕着两三个问题打转。

就像这样，首先把自己的烦恼，能想到的东西全部写下来，列出来。

由易入难地依次解决烦恼

在写出来的烦恼中，有一些可以马上解决，也有一些或许花上一年半载也未必能解决。

所以首先根据难易程度，把很快可以解决的问题与解决不了的问题分门别类，然后根据难易程度将问题逐一解决。

比如说，有些人会因感情问题而苦恼，喜欢对方但又不清楚对方的心意，此时，不外乎有三种情况：对方讨厌你、对方也喜欢你、对方说不清自己是喜欢你还是讨厌你。只要能接受这三种结果，烦恼就解决了。

除了这三个回答之外没有第四个了吧。

假如对方回答"还没考虑清楚",说明还有商量的余地。不过要是对方很清楚地说很讨厌你的话,那就没有可能了,还是趁早死心吧。调整心情,投入到更有意义的事情中去。最后一种情况,假如回答是我也喜欢你,说明对方一直在等你采取行动,要是你还一直闷闷不乐踌躇不前的话,最终肯定会失败。

就像这样,把马上可以解决的问题与采取具体行动就能知道结果的问题列出来,从简单的问题入手逐个解决。

这在工作上也是一样的。比如说,在双方合作上,与其担心对方会不会不讲信用,倒不如直接打个电话,或者去拜访一下、写封感谢信之类,试着采取一些具体的行动。采取行动比一味的郁闷能更早知道结果。况且,实在不行就算了,做好迎接最坏结果的心理准备就是了。

所以说,烦恼是可以通过自己的努力去消除,而至于那些怎么都解决不了的问题姑且先保留下来,这也是没办法的事情。过些年回过头来再看,这些烦恼大都消失了。因为,烦恼本身大多只是单纯的焦虑,随着时间的流逝,有了结果,烦恼自己也就消失了。

所以,试着把烦恼都具体地写出来吧。把简单的问题先解决掉,解决不了的先保留。意识到当下解决不了也是一个进步，姑且先交给时间。比如"最终我的生命是怎么结束的？"之类的问题就是当前得不出答案的，不到死的时候怎么能知道呢？还有，自己死后谁来继承遗产之类的问题也是临死前才知道的，谁知道生命会在何时结束，因此，大致想想土地给谁、存款给谁也就罢了，不必庸人自扰。

运用"ABC 理论"分清主干与枝叶

有一种称之为"ABC 理论"的工作方法。工作的时候，我们常常不知道该从哪儿入手。首先，我们应该按照重要程度给工作标出"A""B""C"的优先顺序，从重要的开始着手，按顺序进行下去。

这一 ABC 理论还可以按照下面的方式来使用。

销售和推销人员常常随机地访问一些地方。但是那些购买力不大或者本身就赤字的公司，去几趟也是白搭。为了工作出业绩，必须要分清重点攻克对象。忙得不可开交的时候，不妨看一看各家客户在公司销售额中所占的比重，份额最大的标为"A"，其次为"B"，剩下的是"C"，然后从 A 开始按顺序逐个击破。时间不够的话，B 和 C 可以先放一放。

很多人会为一些无用的工作或是不出业绩的工作花费过多的时间，

把精力花费在没有回报的客户身上。因此，要经常使用"ABC"理论来整理工作。忙不过来的时候，就将工作分为"A""B""C"，先忽略不重要的C类工作。A类工作是必须留下的，不做A而专注于C，主次不分的人，一般都不会取得成功的。

运用"帕累托法则"来限定重点

"帕累托法则"也常被称为"八·二法则"。帕累托法则指的是，重要的部分只占整体的两成。处理好这两成的工作，能取得处理好八成工作一样的效果。

根据这一想法推论，拥有百名员工的公司，其销售额的百分之八十是其中二十人创造的。也就是说，二十人取得了八成的业绩。反过来说，剩下的八十人只创造了两成的业绩。听上去好像不可思议，其实那些招聘门槛颇高的企业也是这样的。一个企业当中，两成的人担负了核心工作，而剩下的八成，付给他们工资是为了让他们不要给公司造成损失。

这一帕累托的法则，是放之四海皆准的理论。

个人的工作当中，重要的工作只占两成。只要做好了这两成，那就相当于取得了八成的成果。然而，不了解这一点的人总是不得要领的忙东忙西。比如，我可以随时扩大工作的范围，也可以随时做我想做的任何一项工作。只是，如果这样的话，就算我的生命再延长百万倍也不够用。所以说，我们可以适时适当地扩展或缩小工作的范围。

按照这个理论，首先应该做只有自己能做的事，尽量集中在这两成的重要工作上。如果这两成做好了，就如同完成了工作的八成。

如果在工作中贯彻二八理论，能让工作事半功倍。只要抓住了重要的两成，就相当于完成了全部的八成。所以，要经常梳理工作，找出这重要的两成。

这在选举中也是一样。日本进行选举时，候选人常常进行街头演讲，与选民见面拉近距离。然而一味的与不同的人见面、一味的演讲还不够，要运用帕累托法则，思考自己的参选地区中，投票人中决定自己是否当选的两成是哪些？找出支持者的队伍中必须牢牢把握住的人，找到能给予自己强大支持的人，在没有时间走遍参选地区每个角落时，重点优先去这些重点区域。

在工作中贯彻帕累托的法则，划分优先顺序，能帮助工作顺利的进行。抓不住重点，盲目开展工作，则无法在有限的时间中获得成功的。所以，请大家不妨尝试一下这种工作方法。

8 什么是成功能量的源泉

判断能力 ——正确的判断基于知识、信息与经验

上面讲到很多工作方法，但若要说成功的能量以及成功能量的源泉是什么，我想，需要具备几种能力。

比如，判断能力。让人意外的是，判断力也是一种很重要的工作能力，即判断是非、正误、可行性等的能力。

在某个时间点做出的判断不知道是不是正确，一旦判断错误，朝着错误的方向行进的话，就会产生很严重的负面后果。判断失误，会导致工作陷入困境。

在部队里，倘若上级判断失误，就有可能让陆军驶入海洋。陆军当然是擅长在陆地作战，结果上级一声令下"向海洋进军"，全体士兵哗哗地全驶入了大海，这下就糟糕了。然而，这样的事在现实生活中常常出现。因此，判断能力是一种可以创造巨大价值的能力。尤其重要的是，尽可能做出正确的判断。有时候难免判断失误，一旦意识到错误就必须立即改正。

要做出正确的判断，就需要一定的知识储备与信息收集。请铭记知识就是力量。缺乏知识储备与信息量的人，通常会做出错误的判断。

日本的天气预报在预报明天下不下雨时，会给出降水概率。同样是准备第二天去野餐，看了天气预报的人会根据天气调整计划，而没看的人则会继续盲目的为野餐做准备，结果准备了一大堆食物却不能去野餐。

现代社会，信息虽然是重要的判断材料之一。同时，经验也很重要。每个人都会不断积累经验，可别将它们束之高阁，要常常回想、反思，以此来训练自己的判断力。这一点是必须谨记的。

交涉能力 ——以胸怀无私的热情积极投入工作

另外，交涉能力也很重要。有的人不太擅长与人交涉，总是表现得很谦逊，总是一味退让，最后就会在交涉中败下阵来。但是，只要认为自己所做的事情是正确的，就应该在交涉中挺起腰杆，拿出强硬的态度。

若是带着私欲而工作，交涉则无法顺利进行。为了一己私欲用强硬的态度与人交涉，则有欺骗他人之嫌。但是，如果毫无私心，以纯粹的热情来工作的话，在交涉中就容易展现强而有力的一面。

说到底，所谓交涉，就是坚持自己的意见，打一场胜仗。如果是为正义而战，站在更宏观的角度上，若是为了对人类有益的工作而战，我想，这份无私和热诚最终会帮助你赢得胜利。

所以说，不要犹豫拥有强大的交涉能力是不是好事。正因为自己做的事情是正确的，才需要强势。

说服能力——勇气与感动能俘获人心

第三，是说服力。说服力，是指能让对方理解你的能力。

交涉中有胜败输赢，有可能因能力问题或是口才问题败下阵来。但说服能力不同，说服，是为了取得对方的认同。让对方充分理解自己的论点，打动对方，触动对方的内心。通过语言让对方认同自己的能力，就是说服力。

说服力可以通过磨炼获得并提高，而决定说服力强弱的并不一定只有智力，还有很多感性、情感上的东西。比如勇气与感动。通过有力的语言，感人的言辞来打动对方。

人们有的时候并不能被道理与实用性，或是利害关系说服。因此，要调动对方的情绪，唤醒他的内心，激起对方的共鸣，就务必要掌握能让对方充分理解你的技术。这种能力，能帮你找到更多志同道合的人。要感动对方，就要触动对方的心。有的时候，光靠道理是不足以打动人的，要动之以情。因此，要发掘自己内心的感情因素，发挥这方面的特长。

体力 ——保持健康，保证充足的睡眠

我列举了各种精神上的能力。然而，赢得工作上的成功，不仅需要精神上的能力，还需要体力。

身体是否强壮从某种程度上来说，取决于遗传。有天生身体健壮的人，也有生来孱弱的人，这也是没办法的事情。

或许，有人认为，只要在适合自己的工作中取得成功就好了。但我觉得，若是身体上吃不消，也不能称作是适合自己的工作。世界上必定有一份工作，在你的能力和体力范围之内。

体力也是成功的重要因素之一，所以要多注意自己的身体，保持健康。要明白病秧子是不能好好工作的，小病不断的人也难以在工作上出成绩。

还有人说自己即使病了也很快能复原，可不管怎么说还是不生病更好。所以，要关心身体状况，保持健康的体魄。

我前面所说的灵感，也是一样的，不健康的人群所闪现的灵感，常常是错误的。他们很容易产生消极的想法。易患病的人，或者有被害妄想症的人，容易被消极的灵感消耗精神。

为了避免这种情况，需要保持健康的身体状态。要谨记保持身体健康也是一项工作，有了健康才有更强大的精神力量。

体力下降，判断力会变得迟钝，协商能力也会变差。还没说服对方自己先疲惫不堪了，而头脑中做出的判断也是错的。诸如此类，一切都会陷入恶性循环。因此，决不能忽视体力。

所以说，要保持充足的睡眠，坚持锻炼身体。睡眠不足，会导致错误的判断变多。从长远来看，睡眠不足的人是难以取得成功的。因此，有必要制订良好的工作计划，来保证充足的睡眠。

9 心怀更远大的目标

增强信仰之心，是开拓道路与获得助力的钥匙

想要通过我所倡导的方法来取得成功，增强信仰之心是关键的一点。若是信仰之心增强的话，就能形成有魅力的人格，找出自己的天分，发挥自己才能的道路也就打开了。增强信仰心，也是培养直觉、预见性与照顾周到等优质素养的源泉。

广义上讲，信仰之心当中也含有相信智慧力量的意思，所以磨砺自己的智慧也是增强信仰心的一部分。通过磨砺判断能力、交涉能力和说服能力，就可以通过自己的力量打开成功之门。在增强信仰心的同时，通过自己的力量便能开辟一条道路。

而且，那条道路越是宽阔，越容易获得助力。如果一个人从事着不适合自己的工作，那即使他自身的能力很强，可是也得不到最大限度地发挥。但是如果本人从事的是适合自己的工作，那就会有一种如虎添翼，有如天助的感觉。

做着不适合发挥自身天分的工作，就算别人想帮你一把，也会无从下手。这就好比玩沙的孩子一样，就算大人百般叮嘱也无法避免孩子的鞋里进沙子，这种事是监护者也无能为力的。若本身从事的是适合自己的工作，那么你就会散发出光环，引来贵人。

因此，首先是要自己开拓道路，让自己走得更远，变得更强，逐步向前，自会有外力来给予你帮助。

找到天命中的工作，就是向着理想世界迈进

上面我谈了一些我所倡导的工作方法。希望各位明白，这一方法并不仅适用于当下，而是以建成理想的世界这一宏伟愿景为目标的。只要每个人都能找到自己天命所归的那份工作，就是在为自己理想的世界添砖加瓦。

反过来说，缺乏这份虔诚，就等于隔断了通向理想国的道路。

干好工作很重要，这种力量绝非只影响眼前。只要端正方向，那将

是迈向理想国的强大能量。

因此,必须要做合适自己的工作。用心、仔细地工作,踏踏实实地一步一步往前走,最终出色地完成工作。

第四章
女性经营入门

- 凝结了经营理论的《社长学入门》
- 序论：经营入门
- 女性经营者所需具备的能力
- 女性经营者所需具备的另一种能力
- 事业的核心价值观

1 凝结了经营理论的《社长学入门》

我曾于 2008 年在日本为经营者与立志成为经营者的人出过一本书叫作《经营入门》（中文译本即将出版），第二年又相继推出了《社长学入门》（中文译本尚未出版）。另外，有关《社长学入门》的第三章"社长学入门"，同时收录了 DVD，CD 系列一起发刊的。

《社长学入门》一书，价格大概一万日元左右（相当于 700 元人民币），所以有人感觉到价格太高了。但是，这本书的内容掇菁撷华。因此，假如这本书帮助你的公司赚了几百万、几千万甚至几亿日元的话，还会觉得贵吗？因为是面向经营者的书，为了区别于一般书籍，所以特地定价定得高了一些。

内容都是经营理论，即使是学过了经营学的人读了，也会惊讶于其内容的丰富。书中还写了很多经营技巧，就算是经营方面的专家读了，也认为这是一本好书。经营是有生命的，所以要将它们理论化、体系化，让它们看上去就像扫描图片一样静止是非常难的。

经营本身是很难的课题，所以本章作为"社长学入门"的入门级内容，来谈谈"女性的经营入门"。

实际上，本章的内容同样适用于男性。

由于大部分的男性完全听不懂经营者的言辞，所以本章虽是"女性经营入门"，但同时我是希望将此作为一个序论，给男性读者们也谈谈入门的知识。

当然，《社长学入门》一书中，也包含了适合女性读者，特别是想成为管理层、执行官或者是社长的女性读者们期待的内容。

《社长学入门》一书，包罗了从零售小企业、中小企业发展成大企业的各种方法与技巧。将这些方法按照不同的职业，一一对应具体实施就可以了。

2 序论：经营入门

所谓经营，是识人术与收支学相结合

本章以"女性经营入门"为标题，首先把一些对于女性来说不好理解以及可以作为参考的部分尽量简洁地描述出来。

什么是经营？基本上，经营是识人术与收支学的结合体。具体而言，就是把"识人用人"与"保持收支平衡，增加收入"相结合。并且要在这两者的基础上，招聘更多的员工，让公司进一步发展壮大。从某种意义上也可以说是金钱哲学与商业哲学。

女性想要成为经营者，首先要学会用人，这是问题核心。不会用人的人无法成为经营者。

但是，如果女性想要保持十足的女人味，则很难成为领导者。那些看上去不怎么会用人的女领导多是娇滴滴的，这就是一道障壁。

而过于强势的女人也会让男性们敬而远之。另外，强势的女性经营者或女店长等，同样被女性同胞讨厌。没有人喜欢过于强势，说话不留情面，或是去哪里都是很不客气的女领导。说到底，事情总有它的两面性。

为了做到知人善用，要精通人性。也就是说，要懂得识人术，了解各种类型的人。当然，很难给人分类，但至少要了解什么类型的人有什么样的喜好。

不要以自我为中心，站在对方的立场来考虑问题

不能在职场上独当一面的人也没办法成为经营者。工作能力，是根本中的根本。

要磨炼工作能力，就要抛开以自己为中心的想法来看待事物。

人们总爱把自己放在首要位置上，尤其是成为一名强势的女性之后，就更难摆脱那种自我中心的立场。

当然，如果这种立场恰巧与顾客的需求相吻合则无可厚非，但现实生活中有各种各样的客人，只以自我为中心来考虑，只配合自我喜好的话，大多是不被认同的。

比如说，我在演讲时用摄像机将现场录下来。在这种情况下，以自我为中心就等于将摄像机固定在一处。找到认为拍摄效果最好的角度将摄像机搁在那个位置不再移动。但是，如果我挪动了地方会怎样呢，就会从镜头里消失了吧。

经营也是这样。客人会根据当时的情况与自身财力而做出改变。因此，自己认为最好的产品也不见得合乎对方的心意。倒不如仔细去领会客户不断转变的想法，迎合对方给出最佳建议。

另外，若只是为了自己公司的利益，那当然是价格高的东西卖得越多越好了。但是，不是所有人都会买奢侈品。另外，有人喜欢买大件的商品，就有人爱淘小东西。每个人都有自己的兴趣与嗜好。

因此，多站在对方的立场上去考虑问题，不论男女，都必须了解到换位思考的重要性，因为它是胜任工作的起点之一。

三种"工作"让经营成立

这里所说的"工作"，是让经营收支平衡的工作。大的方面来说可以分为三类。

一种是销售类的工作。这就是社会上常说的销售、营销、市场营销之类，需要考虑如何销售商品，如何增加销售额的工作。

第二种是制造类，也就是做东西的工作。例如商品生产，软件开发等商品开发类的工作，当然也包含研究类工作。

第三种是管理类的工作，以一般事务为主的财会、人事、总务等工作。

中小企业或者是零售企业，基本上如果不能开发一些适合市场的新商品就无法实现收支平衡。因此作为社长，大多具备商品研发的能力。即使没这方面的才能，也是管理能力超群的。那些金牌销售比较容易成为社长。

然而，正如前面所说，公司发展到一定规模之后，那些与销售直接挂钩的部门，例如管理部门的人才也开始升职。公司变大之后，能不能把握全体事务，能不能把握资金流向，能不能适时进行人事调整，能不能牢牢掌控大局，能不能构建组织，这方面能力的重要性就逐渐凸显出来了。

比如，随着销售人员的增加，即使是很优秀的销售人员也难以在业绩上与其他人拉开差距，不像公司规模小的时候。另外，公司规模尚小的时候，在新商品开发上，只要有些小小的创意就会很快火起来。当公司规模大了，很多人参与到研究开发当中来，仅凭个人的力量很难获得大的成果。

因此，企业越大，越应该协同团队的力量，努力取得好的成果。

财务、会计对于企业的重要性

正如上面所说的这样，工作基本分为销售类工作、制造类工作和管理类工作三大类。是否能保持这三大支柱的平衡发展，是决定经营规模能否扩大的关键。

比如说，开发出了特别好的商品，需要资金来宣传，需要组建销售队伍。当销售队伍组建好了，商品也准备好了，接下来需要有人能出色地管理资金运作，保证公司的经营顺利开展下去。

尤其是经手资金的进入与流出的财务部门。一般来说，从银行等金融机构贷款后，能够按时还贷、支付利息，并保证一定纯利润的公司是不会倒闭的。

除此之外，还有工资等人力成本费用、生产成本、办公成本等，也是一笔不小的花销。也就是说，除了偿还银行贷款和利息，还要保证有能力支付员工工资和其他成本。

作为掌管这些的部门，公司小的时候只要有会计就可以了，但是公司大了之后,就必须要专业的财务部门。

拿人体来打比方的话,资金好比是血液,财务部门的作用就是观察血液循环是否良好,只要保持资金流顺畅通,企业就不会轻易倒掉。

3 女性经营者所需具备的能力

拥有判断"是否会畅销"的敏锐洞察力

女性要成为经营者，首先应该在某方面有很突出的能力。否则，没有超出常人的一技之长，工作能力得不到认同，是没那么容易进入管理层的。

我特别要指出的是，感性的、富有人情味的企业都生存下来了。生存下来的公司，并不一定只是因为管理层能理性、知性地考虑问题，很多企业是凭借感性与感觉来抓住市场脉络的。

对市场敏锐的观察力主要体现在对产品是否畅销、对消费者的喜好能否进行正确地判断。这种能力，从某种意义上来说，女性比男性更出色，而且这种能力也是可以被训练出来的。

不要只听身边朋友的意见，更要考虑大多数消费者的心理，特别是目标年龄层与目标顾客会怎么看。很少有人能明白这点，而能明白这一点的人，现在都成了企业里不可或缺的存在。

比如说，优秀的电视从业者、导演、艺人们，能在节目播放的过程中单凭直觉判断某个时点的收视率。就好像有通灵能力一样，哪怕只是待在工作室里，也能知道当前收视率能达到多少。他们都是行业中的佼佼者。有这样的能力，不管公司销售什么样的商品，都能对受欢迎程度、退货率做到心中有数。

修身养性，感性地看待问题对工作与经营会产生积极的作用。

感性的部分是与人们的内心深处相连的。日本曾在全国范围内做过各种抽样调查，其结果显现出一定的倾向性。也就是说，由几百人，或是一千、两千人参与的调查所表现出来的倾向，放到一亿人中间同样适用。人群不同也许有一定的误差，但在某一集团中体现出的倾向也能在整体中显现。

因此，整合目标人群的反应是一种非常重要的能力。掌握了这种能力，就能在某种程度上洞悉人们的所思所想。

相比"天动说","地动说"型人才离成功更近

那么,在做出决策的时候需要注意些什么呢。

首先,我们拿常说的"地动说·天动说"做比喻。地动说主张"地球围着太阳转",天动说则认为"太阳围绕地球转"。那些经营失败,大部分都是天动说型经营者。

经营者当中有很多自负的领导。确实,能够有今天的位置,以及过去取得的辉煌成绩,是很令人骄傲的。但是,时代在不断变化,人们的需要也在变化。有很多经营者不能顺应潮流,总是在公司独断独行,不肯转变老旧的思维模式。这就是所谓的"天动说类型的经营者"。

他们认为自己的公司就是世界的中心,世界围绕着自己在转。这些顽固不化的经营者所领导的公司,已经进入了随时面临崩溃的时期。

所以,要经常留意社会的潮流与趋势,捕捉顾客需求的变化。一味骄傲自满地宣称"我们公司的产品全国第一"是不行的。

流行需要引领者

能够发现并顺应变化的人很了不起。

我作为一名男性举这个例子有点难以启齿,就比如女性常穿的衣服

中，有一种叫作打底裤。它比长筒袜要厚一些，我记得在过去，打底裤属于女性内衣一类。但现在，女性们都把它穿在裙子下面，很自然地走在街上。我想，要是老派的人看见了说不定会觉得内衣露出来了，可实际上现在这种穿法非常流行，这也是因为有现实的需要。大概最开始把打底裤穿在裙子下面的人是这么想的吧："大部分女性都怕冷，可到现在为止谁都没有这样穿过，我这么穿的话会不好意思，该怎么办才好呢。不如把它穿在裙子下面，让它看上去是一种时尚，那么也许大家就都这么穿了吧。"当打底裤成为一种时尚，女性们都开始这样穿就不会有人不好意思了。要不然，谁也不好意思穿，只能继续为寒冷苦恼。

可能男性第一次见到打底裤的时候都会大吃一惊吧。可若是女性都这么穿就会觉得这是现在的流行，慢慢地就会被洗脑而见怪不怪。

如果说一个经营者，不仅有发掘热卖商品的慧眼，还拥有不等待流行而是去引领潮流的能力，那他将成为了不起的企业家。

"今年流行这个"这句话说多了，人们就渐渐地被洗脑。其实没有哪个商品必须在哪年流行这种规定，是那些有能力的厂商或商品的买家引领了潮流。当人们纷纷效仿，就真正形成了的潮流。

说到底，还是"引领"二字很重要啊。

预见性带来主导权利益

每年到了年末的时候，我都会出版一本"法系列"丛书。比如2009年的《创造之法》，2010年的《救世之法》以及2011年的《教育之法》等。一些不善于把握市场趋势的公司，直到我的法系列出版之后才会明白明年会流行什么，然后赶紧准备开始效仿。

也就是说，书名《**之法》中**的部分是关键词，以此让我们推出的东西流行起来。这种方法也可以被应用在出版物或其他地方上。

到了年初，总有很多人会说"今年**会流行"，也会有人根据我在当年推出的"法系列"的关键词推断流行趋势。

为了成为潮流引领者，就像之前我说的那样，必须站在地动说的立场。不要以自己为中心，不要以为世界都围着我转，要明白是自己在公转。

因此，要精准地把握人们当前的需求、接下来的需求以及需求的转变方向。这被称为"预见力"，也可以叫作"先见性"。比其他人更早明白这一点的人，在工作上都能占尽先机，取得成功。

其实，当有一大群人趋之若鹜时，就已经晚了。最有能力的人，在流行之前就能察觉，而流行起立之后反而从中抽身，开始研究下一个流行趋势。这才是最理想的模式。

若是在人们都蜂拥而至之后才加入其中的话，即使能研制出新的商品，也会出现滞销和退货。

当然也有所谓的第二手商法，确定已经在社会上流行起来之后再加入。然而由此获得的主导权利益就会大大减少。

所以，还是应该抢先一步推出未来的热销商品，让尚未流行起来的东西流行起来，增加销售额，提高利益。由此，企业将快速发展和壮大。

从香奈儿看创立品牌战略

还有一种方法，就是固守一种经营模式。香奈儿就是如此。几年前有一部描述可可·香奈儿一生的电影，她所创立的香奈儿品牌几十年如一日，一直保持着同样的经营模式和同样的经典格子纹样。她的执着同时体现在了经营中，让香奈儿的商品极具辨识度，也提升了品牌价值。

模仿香奈儿的服装太多了，价格却只有它的十分之一，而真正的香儿尔往往高达好几十万日元。仔细辨别的话，不但延续了经典花纹，衣服也采用了优质面料，经过复杂的多层纺织工艺制成。拿到手上，真品与仿品立刻就能分辨出来。远远看去也许类似，等实际上拿到手里，仔细看看材质的编织工艺与剪裁之后，差别就出来了。真正的香奈儿常令人感叹"果然物有所值啊"。

所以说，坚守相同模式来确立品牌也是一种战略，制订长期销售策略的执着也是成功经营的方法之一。那些大企业，都会有这样的长期销售战略。

在制定长期销售策略之前，难免经历失败。但是，从失败中汲取教训，制定出长期的战略，也算是一种发明，而制定战略的人作为领袖就获得了主导权。

顺便说一句，我读小学的时候，每次画画我都画上边框，这样一来画会显得非常漂亮。不管是蜡笔画，还是水彩画，我都会画上边框，让画变得特漂亮。我认为，这和香奈儿所坚持的是一个道理。

与香奈儿相反，也有品牌致力于每年都设计出不同的风格样式。

黛安·冯芙丝汀宝（DVF）就是这样。这个品牌总是有源源不断的新商品，而创始人兼总设计师的黛安依然健在，几年前她曾到访日本。她总能让人感叹"每年竟然能设计这么多不同样式"。比如她设计的裹身裙，看上去像是只适合高挑苗条的女孩，但实际上适合各种身材穿着，而且有很好的修饰身形的效果。以此为中心，每年都会推出新设计。

这是与香奈儿相反的经营模式。不断地发明新品，需要有相当高的创新能力。服装类商品的市场寿命比较短，制作成本高，不在某种程度上抬高定价限量出售的话，很难收回成本。

打价格战，还是提高产品的附加价值

厂商常用"限量商品"来刺激女性的购买欲。女性们对"限量品"趋之若鹜，贵也要买下来。人的心理就是这样，会觉得限量品的价值不能用金钱衡量，很难抵挡住这种诱惑。

整体上来说，现在日本的经济不景气，一些低价量贩店最受欢迎。比如优衣库（UNIQLO）、大黑天物产等。它们采取低价销售的策略之后，销售额突飞猛进。但是我觉得，低价销售策略在实施上很有难度。同类型店铺太多，竞争过为激烈，最终演变为"以体力拼胜负"或是"吞并或被吞并"。所以，没有雄厚的基础就很容易败下阵来。

与此相对的另一种战略方法是"高附加值战略"。它是指生产出独一无二的商品，凸显商品的独特之处来抬高价格。

应对当今萧条的经济环境，只有这两种战略。必须采用其中一种才能生存下来。

比如同样一款手表，这家店卖三万日元，换一家店就有可能卖几百万甚至上千万日元。只要告诉客人这个是限量品,世界上只有三块,那么自会有人愿意掏腰包。卖三百多块三万日元的手表才能卖出一千万日元的销售额,可是要达到三百多块表的销售业绩实在不是一件容易的事。但售价一千万日元的手表,则售出一块足矣。

一个月时间总会有这种消费水平的客人光临吧,马上抓住时机推销一些高价商品。一旦成功,那收入当然就水涨船高了。

银座女郎的识人术

这时,识人术就变得非常重要了。比如银座的陪酒女郎们,都很善于通过女性特有的直觉来探寻顾客需求,推断对方的社会地位、收入,或者说他的钱包里大概有多少钱等。甚至有一本叙述银座俱乐部经营法则的书中这样写道:"她们在客人进店的一瞬间,就能猜到客人的钱包里有多少钱,是自掏腰包还是公款消费等。"

女性敏锐的直觉令人惊讶,她们居然能从客人的行为,客人与随行人之间的交流方式等判断出她们想知道的一切。

另外,据说基本上只要看一下手表就能大致猜出对方的地位、收入、钱包的厚度等。因此,这些银座女郎们通常都把当前最流行的品牌、男士手表的款式和价格等烂熟于心。只要瞟一眼客人的手表，就能猜出这人的年收入社会地位等。这类女孩比男性更加关注手表等男士商品的价格与流行趋势。有时，她们也会通过衣着打扮来判断。

蒂芙尼纽约总店见闻

有一次，我在外出的时候，穿了一件很不起眼的衣服。以前我去纽约出差的时候也是如此。纽约有很多小偷，强盗，所以如果不尽量保持低调就不能自在地在街头散步。但是，如果穿着太邋遢，又会遭到一些高端品牌店的轻视。

那天，我穿着很普通衣服走入蒂芙尼的纽约总店，但店员对我的态度却非常好，他们一眼看出，我虽然穿得不怎么样，但应该是有钱人。这是因为，随行的人对我的态度不一样。不管我穿着多么普通，戴着多么廉价的首饰，再戴上眼镜让别人都认不出我，但通过身边的人对我的态度与行为，就能判断出我的社会地位。

女性最大的武器，是能读透别人。在各种情况下能看出对方的喜好那是最好不过了。这种能将男性自由操纵于股掌之中的女性一旦从商，一定有不错的成绩。然而那些猜不透他人心思的女性，估计就不会有什么好成绩了。

因此,作为女性经营者,拥有来自于感性的敏锐直觉是成功的第一步。

4 女性经营者所需具备的另一种能力

掌握男性思维

女性经营者,首先要掌握站在客人的立场,感性地思考问题的能力。再进一步,还需要掌握逻辑思考能力。

其实,很多女性都不太擅长逻辑思维。一般而言,理工科的优秀女性可能还不错。另外,在法学部或经济学部学习过的女性,或是有过那方面职业训练的女性,多多少少还能具备一些逻辑思维能力。

一般掌握逻辑思维方式的人都具备男性思维能力,实际上,女性经营者需要暗自掌握这样的男性思维。

男性思维的特征就是逻辑性特别强。运用这种思维方式建立起来的理论,条理也会变得非常清晰。

感性就如同乌贼与章鱼这类软体动物的足腕一样柔软无力，可以自由活动。但是，男性思维就相当于脊柱。有能力创造这样的脊柱，并让它越来越强大，这样的女性比较适合成为经营者。

因此，要重视建立对企业起到脊柱作用的部分。

"经营理念"是头盖骨，"核心工作"与"使命"是脊柱

脊柱的顶部与头骨相接，里面大脑。那么在工作中，这个相当于大脑的部分究竟指的是什么呢？那就是公司等常说的"经营理念"。经营理念这个词大家常用，也有人觉得很难理解，不知道指的是什么。

所谓经营理念，就是企业存在的目的。能经常深思经营理念的，一般是企业的经营管理者。他们常常在上下班途中，在午休时，在晚上睡觉前，甚至卸妆时自问自答："我们公司为什么而存在？"

拿鱼来打比方的话，经营理念，就是去除肉之后的头骨部分。那么，相当于脊柱的那一部分又是什么呢？那就是，企业的核心工作和使命。也就是说，我们公司销售什么、我们公司提供什么样服务等具体的工作，是贯穿始终的企业脊柱。

比如说，现在某大型航空公司正在进行经营重组。曾有外资想收购

这家公司，后来国家出资救了它。就在这家公司的重组问题引起世人注目的时候，不幸的是，它的经历被作为典型拍成了电影，电影中还讲述了这家公司在二十多前发生的一起客机坠落事件。对那家公司而言，那是一起人们几乎要遗忘的事情了，现在提起来让人觉得非常难受。那部电影是在考问："航空公司的使命到底是什么？"这个问题应该就是航空公司的脊柱吧，而保护乘客的安全，就是航空公司的使命。如果从保护乘客的安全这一角度来考虑经营的合理化，那么合理化有好的地方也有不好的地方。有应该清除的部分，也有绝不能忽视的部分。经营合理化从财力方面来看，重要的是削减成本。对于财务来说，只要能削减一样的金额，无论是从哪个部分扣减都是一样的。但是，要实现经营合理化，就必须考虑对于航空公司来说，相当于脊柱部分的核心工作是什么？

当然，每个乘客最为关心的，无疑是能不能安全抵达目的地？因此，航空公司必须全力保护乘客的生命安全，绝不能有丝毫的松懈。这是航空公司的脊柱，必须给予充分地重视。

某航空公司的劣质服务

再进一步，除了大脑与脊柱之外，保护侧腹的肋骨也尤为重要。它相当于企业提供的各种服务。

虽然只要头等舱能坐满，那其他舱位即使空着也能盈利。但是，头等舱必须提供高于商务舱和经济舱的服务，否则无法满足乘客的需求。满足头等舱乘客的需求是需要技巧的。如果采取"一切按照规定做"的教条主义，则无法提供令乘客满意的服务。我曾经乘坐过刚才说到的那家航空公司的头等舱。空乘人员能叫出我的名字并且应答有礼，但是飞机餐中的米饭很糟糕。大米非常硬，很难吃。

虽说餐费在航空费用中仅占很小一部分，但飞机餐是否可口却至关重要。目前，其他行业都很重视并舍得花精力对待"吃"的问题。比如，要想重振超市的经营状况，就要在大量顾客来店购买食材的傍晚时分，在顾客面前现场制作炸鸡，或是现场制作生鱼片。这些做法，都是为了尽量保持食物的新鲜度。同样类型的努力正被广泛运用在各个行业中。对于头等舱乘客，航空公司可提供餐点预订服务，所以不管通过哪家供应商订货，都能事先确认食物提供给乘客时是否可口。甚至有的航空公司还会在飞机内蒸米饭，提供新鲜出炉的米饭。

另外，将要提供的服务若是事先被客人猜到了，那就无法带给客人惊喜与感动。在此，还是说说刚才那家航空公司的例子吧。在候机室候机的时候,服务员会为乘客们提供点心与茶水。登机之后,机舱内再次提供了同样的点心。然而在十几分钟之后,同样的东西居然第三次送了过来。这就表现了公司内部相互沟通的不足。当然,对那些在候机室没有吃过点心的乘客来说,提供同样的食物没什么关系。但对于已经吃过一次的客人来说,就该换换别的口味了。虽然这只是一件小事,但体现出该公司相比同行业企业的劣势所在。

让人感动的超一流的酒店服务

我常常住酒店,对各酒店服务的差异也了解得比较清楚。住在超一流的酒店中,在那里工作的员工们会在合适的时候说"欢迎光临"与"欢迎回来"。我觉得能做到这一点很了不起。而且,前台服务人员能很快地记住那些已经办完入住手续的客人的样貌,并将他们与接下来即将入住的客人区分开来。

如果用错了"欢迎光临"与"欢迎回来",客人会认为你根本不了解入住客人的情况。而对那些初次来的客人就说欢迎回来,实在是个愚蠢的错误。但是,那些住过一晚,第二天外出回来时听到一句"欢迎回来"的人,会感到自己被重视。这是一种让人感动的体验。而且,如果说这话的人并不是第一天为你服务的服务生，那么惊喜就会更大了。这实际上是在无形中为顾客提供了服务。凡是能够提供这样服务的酒店，都能获得客人超高的评价。我尤其佩服的是，那些并不是最开始接待我的服务生们，能在我回来的时候对我说一句"欢迎回来"。所有员工对于酒店的任何一位客人，都能立即判断出这个人是不是外出购物才回来的人。

还有一次，在一家初次入住的酒店，前台服务生能叫出我的名字，这实在太让人惊讶了。实际上是酒店外面的保安在看到客人行李上所写的名字后，通过随身携带的小型对讲机小声地告诉前台"**客人光临"。因此，前台才会自然地说出"**先生（女士），欢迎光临"。然而，客人们会觉得非常惊讶。初次去前台办理入住，居然能说出自己的名字来，就会想"为什么会知道我的名字呢？"实际上，他们早已通过无线进行了内部沟通。

超一流的酒店会把工作细致到这一步。这样的酒店，与那些不管去多少次都记不住客人样貌的酒店相比，实在是差别太大了。

经营者除了要掌管好公司的大脑和脊柱，还得兼顾枝叶、肋骨的部分，做到尽量充实与完善各项服务。若是能摸索出这样一条发展的道路，也就是说，经历过一些失败后能确定工作模式与服务方式，创建一个公司，建立支撑整体的骨架，那么此人就具备了作为一个经营管理者的基础。

"软件标准化"是成功的秘诀

从这一层面来说，"软件的标准化"决定了公司能否发展起来。

比如说，把本章中我所讲述的经营学与社长学的内容做成一个体系，如果成功了，则可以将它们推广开来。但如果只能作为个案学习，那就只好分别解说在什么情况下应该怎么做。

标准化，就是微软的比尔·盖茨所采取的战略。他的公司推出了windows，并在全世界范围内推广开来。20世纪90年代在他的公司推出windows95的时候，我收听了一段他的专访，记者问他成功的秘诀在哪里？他是这么回答的："一言蔽之就是标准化。就是将我们公司的商品做成世界标准。这样，市场就可以最大化。我们公司不局限在某个区域，而是以'成为世界标准'为目标的。我们公司的产品，国内也好，日本也好，中国也罢，哪里都能使用，这样市场才能最大化。创造出适用于世界的东西，就是成功的秘密。生产出世界通用的商品，只需要过几年更新一次也会有可观的收入，公司也必能发展。若是没有成功实施标准化，那么公司也就不能发展壮大。这就是成功的秘密。"

他把成功的秘密公诸于世,表明他有自信这个秘密是可以说出来的。他觉得自己能做到,但是其他人并不是这么容易做到,所以公开了这个秘密。的确,标准化,并不是那么容易的。

因此,一个企业想要发展,重点是如何才能生产出适应广大市场需求的好商品。比如说,同一品牌的连锁店,采用同样的招牌而味道和服务却各有不同,有的会让客人吃惊,甚至失望。这样一来店家会信用尽失。假如同一品牌的连锁店能够提供相同水平的服务,则能让顾客满意。

5 事业的核心价值观

必须满足顾客的期望

我在第一章中也说过,好多年前,有一家叫船场吉兆的著名餐厅,因为将客人没动过的饭菜重新提供给其他客人,这个二次销售的事件遭到曝光后,整间餐厅破产了。如果恶劣影响扩大到全国其他地区所有的吉兆餐厅,那就会彻底砸了顶级日本料理店的招牌。必须尽全力证明"同类事件仅发生在这一家船场吉兆",才不至于让顾客担心是不是其他的吉兆也这样的呢。

还有其他相似的例子。我曾在德岛车站前的一家酒店住宿。那天的早餐我点了法式吐司,结果味道非常好,完全没想到在德岛竟然能吃到这么美味的吐司,令我十分感动。因此,第二天我又叫了一份,结果味道大不一样。可能是因为昨天的厨师今天休息换成了其他人吧。第一天的吐司既绵软，烤的火候也刚刚好。可第二天端上来的土司几乎全烤焦了。我特别后悔点了这份早餐，那家宾馆曾经倒闭过一次，自然也可以看出客人们对其的评价了。现在那家宾馆正在重建中，人们的目光是很挑剔的，达不到客人的要求是不行的。

另外，在静冈县有一家经常出现在旅游手册上的著名和式旅馆。大概是因为广告宣传很到位吧。我去静冈的时候，秘书多次向我推荐这家旅馆，但是每次我都拒绝了。因为过去在那里入住时留下的坏印象很难从脑海里抹去。那一次，我住在一间比较偏的房间里，送过来的饭菜全部是冷的。也许是把饭菜送过来花的时间比较久吧，但是一桌子冷饭冷菜，叫客人如何下咽呢。从那之后，不管别人怎么跟我说那是静冈最棒的旅馆，我都没办法相信了。

大多数顾客不会将不满说出来

以前，我常常去千叶的浦安举办演讲会和研讨会，曾经入住过一家当时新开的酒店。我点了咖啡之后，一直没送来，大约半小时后终于等来了咖啡，却已经凉了。喝过一次那样的咖啡之后，我就再也不想入住第二次。拖了半小时才端上来一杯凉咖啡这种行为在服务行业绝对不允许。这样的酒店，客人不会愿意再次入住。

但是，尽管客人们的眼光很挑剔，一般也不会把他们的不满说出来。虽然酒店会准备顾客意见征集卡之类的东西，但是十个客人当中也未必有一个人肯写。真到了填写意见卡的那一步，无疑意味着客人下了最后通牒。除非是下定决心以后再也不来了，否则一般是不会写的。我也曾写过一两次，那名服务生一看到那张纸，身体就颤了一下。

客人能在那上面写什么呢，无非是一些投诉，所以我递给他时，他还没看脸就铁青了。

那是一家京都的老店，在道路的两边夹道而建。从那以后我再也没有去住过了。在那家旅馆住宿的时候，曾投诉过毛巾有霉味。结果我住了好几天，还是没有解决。因此，不管那家旅馆多么有名，即便他们的女社长出了书做宣传，我也绝不会再住第二次。我写下那些投诉之后再也没去过，虽然顾客意见卡上写着"请留下您的宝贵意见"，但是，当客人真的写些什么的时候，一切都晚了，客人会什么也不说，再也不来了。

增加回头客，吸引新顾客是事业的核心价值观

社交圈也是一样的。也许一个社交圈不太会追究成员离开的理由，但是既然离开就一定有他的原因。比如说，讨厌某个人，圈子的氛围不好，成员的素养不够高等各种各样的理由，但是要去探知真实的想法，却是很难。那些人离开的时候总是不打招呼突然就走了，但是，只有尽量不要流失成员，同时吸收新成员才能让社交圈不断壮大。增加回头客，吸引新顾客，并丝毫不降低水准，这就是所有事业的根本。因此，不要辜负顾客的期待。

最后，我想在本章作一个总结。

识人术和来源于感性的直觉非常重要，但是，对于企业的发展，还是应该采取逻辑清晰的思维方式。这种有条理的思维方式，从某种意义上来说也是一种标准化，应该努力实现这种标准化模式。

此外，要尽全力增加回头客。不管是什么行业，牢牢抓住老顾客的企业一般不会轻易倒闭。当然，最好的状态是回头客不断，新客人源源而来。发展到这一步的企业，即使在经济萧条期也能笑傲群雄。因此，一定不要把什么都归咎到顾客身上，应从自身找问题。由于很难听到客人的真心话，所以培养出色的观察能力非常重要。

本章以"女性经营入门"为标题，谈了些我自己的观点，希望以此抛砖引玉。如果能给大家一点帮助的话，我感到不甚荣幸。

后　记

本书，是一部充满灵性光辉的经营入门之书。

我希望有志从事经营，或是追求事业成功的各位，能在下班后精读本书，最好多读几遍。这样你不仅能学到商业理论、经营论的精华，还能培养起洞悉人性的判断力。

作为一个经营者，你自身要虚心勤勉地学习，每天都不能倦怠。此外，坚信美好的未来，同时也要让员工们对未来充满希望，让他们拥有梦想。而这一切，都需要你始终有一颗坚强虔诚的信仰之心。

大川隆法